La carapace de la tortue

15, avenue de l'aérodrome 40100-DAX
florence@editions-passiflore.com
www.editions-passiflore.com

Marie-Laure Hubert Nasser

La carapace de la tortue

roman

itinéraire

Éditions Passiflore

À Monsieur K.

« C'est un grand et beau spectacle de voir l'homme sortir en quelque manière du néant par ses propres efforts. »

Jean-Jacques Rousseau

Au 7 de la rue Ferrère

Rez-de-chaussée, à droite

Mal fagotée et trop enrobée, encombrée par une silhouette taillée dans la masse, un bloc surmonté d'un couvre-chef pour cacher son visage, elle tentait une approche discrète. Pénétrer cet immeuble en rasant les murs. Sans se faire remarquer. Juste une ombre silencieuse.

« Rez-de-chaussée, à droite » indiquait son bout de papier chiffonné. Elle lâcha l'anse de son sac de voyage Vuitton à damiers bruns pour farfouiller avec maladresse dans la poche de son jean étroit. Engoncée dans un pardessus élimé, elle se tapotait fébrilement. Où avait-elle bien pu ranger ces maudites clefs ? Elle plaqua son genou contre la porte pour soutenir le carton débordant de souvenirs, sur lequel flottait une paire de bottines usées. Libéra ses mains. Gestes maladroits. Corps gourd. Cela se compliquait toujours dès qu'elle était en équilibre. Un silence tendu précédait la crise.

Son bagage s'arracha brutalement de l'épaule dans un mouvement de balancier violent. Déséquilibrée, elle lâcha prise. Un énorme tintamarre résonna dans tout l'immeuble. Elle vit s'effondrer tous les objets de sa vie. Miroir brisé. « Sept ans de malheur », murmura-t-elle. Encore.

Pétrifiée, elle promenait un œil hagard sur le marbre blanc, les stucs et les dorures qui ornaient la cage d'escalier. Sur l'épais tapis de velours rouge plaqué au sol par des barres de cuivre rutilantes s'étalaient ses quelques biens. Elle attendait, paralysée. Silencieuse. Oublieuse de ce corps. Cette impuissance à maîtriser ses contours. Ses formes. Ses mouvements. Lourds. Sans colère. Juste les bras ballants et le cœur éteint. Quel effort tout au long de la journée ! Pour chaque geste. Juste pour avancer.

Des bruits de pas la firent sursauter. Elle se précipita sur ses bibelots et ses reliques qu'elle empila. S'empressa de tourner la clef dans une serrure rouillée, espérant échapper à la curiosité d'un nouveau voisin. Elle n'aimait pas croiser les gens. Ce n'était jamais simple avec les autres. Elle finissait toujours par être blessée. Un regard d'abord. Puis des mots qui débordaient.

La porte en bois massif était lourde. Elle craqua. Elle s'aplatit tout contre pour la faire céder. L'appartement dégageait une odeur de peinture fraîche et de chaleur coincée entre les murs. Elle découvrait son « petit deux-pièces ». Le plafond était si haut qu'elle se sentit misérable. Trop d'histoires dans ces immeubles poussiéreux. Elle fuyait le passé. Scrutait les parois trop blanches, une fresque murale banale, une épaisse rosace collée trop vite, un peu de travers. Elle aimait l'imperfection et les détails qui trahissaient la vérité. C'était inespéré dans cet endroit. Du faux, du toc, du soldé. Cette installation vite faite pour son arrivée. Juste pour elle. Le sol en bois massif craquait sous son poids. Elle avança vers les fenêtres spacieuses qui offraient une vue imprenable sur l'Entrepôt Lainé. Le musée d'art contemporain. Grandes portes bleu sombre sur murs plombés. Un néon blanc clignotait au coin du bâtiment. Une lettre éteinte l'empêchait de déchiffrer le texte qu'elle imaginait poétique. Artistique. Elle revenait à Bordeaux. Elle avait quitté cette banlieue parisienne où s'effaçait sa vie. Prière exaucée. Retour à la case province. Parfum d'enfance. Bâtisses blondes bombant le torse, fleuve gris glacé coulant entre les veines d'une cité où le temps semblait suspendu. Elle était enfin rentrée. Sa ville l'avait rappelée. Rassurante et lascive. Comme pour la sauver.

C'est dans le RER, un matin triste, qu'elle avait décidé de refermer son sac et de filer. En douce. Sans mots. Pitié, pas d'explication. Elle n'aimait pas parler. Elle écoutait. Espérait retrouver ses racines. Un brin d'humanité.

Cet appartement était tombé du ciel. Ou plutôt de la bonté de sa tante. Elle avait osé l'appeler. Lui demander de l'aide. Il lui avait fallu des jours pour composer son numéro. Elle se disait que cela serait moins douloureux d'écrire et de ne pas avoir de réponse. Finalement, elle avait extirpé de son sac un papier plié, caché là depuis des années. Les yeux fermés et la tête enfoncée dans les épaules, elle avait compté les sonneries. La vieille femme revêche avait semblé heureuse de l'entendre. Soulagée. Elle allait la loger dans un de ses immeubles où un appartement s'était libéré. Elle ne lui avait pas posé de questions. Juste compté le nombre d'années. Une conversation de quelques minutes avec un accord final. Comme un coffre-fort qui cède. Lueur d'espoir. Elle avait fracturé sa tirelire cochon rose à grands coups de talons des bottes griffées de sa patronne et avait fini par en sortir quelques billets pliés pour se payer un aller simple Montparnasse-Bordeaux-Saint-Jean. C'était si vite fait de tourner la page.

Sa tante avait laissé dans l'appartement des meubles fatigués pour lui rendre service. « Pour commencer », lui avait-elle griffonné sur une feuille blanche posée à même le sol. Une belle écriture. Bien droite.

Clotilde Daquin d'Arsac n'avait rien.

À peine quelques effets de toilette, de vieilles photos et des livres qui provoquaient des éternuements en saccades lorsqu'on les collait tout près de son nez. Une tasse avec son prénom qu'elle avait achetée dans un magasin de souvenirs. Étonnée de se lire quelque part. La preuve qu'elle existait un peu. Une tour Eiffel miniature dans une boule à neige. À paillettes plutôt. Pour se rappeler ses rêves. Ses grandes espérances quand elle la secouait et regardait les flocons virevolter. Quelques souliers et des tenues démodées. Un manteau trop large qui la déguisait en épouvantail. Un chapeau de feutre noir qu'elle vissait sur sa tête depuis ses quinze ans.

Voilà, elle était partie. Espérant vivre un peu. Ouvrir les yeux le matin en imaginant une autre histoire que celle de gratter les traces des autres. Le quotidien d'inconnus venant s'inscrire avec toutes leurs habitudes, des sols aux plafonds, des chambres aux cuvettes des toilettes, du réveil au coucher. Elle était lasse de partager cette intimité. Écœurée par les odeurs qui lui sautaient au visage et ces manies animales qu'elle effaçait à grand coup de détergents. Cette vie dans laquelle il n'y avait ni espoir ni lendemain, elle l'avait portée comme un vieux sac qui pesait sur son dos. Plus lourd de jour en jour. Elle ne prétendait pas devenir quelqu'un. Elle voulait juste avoir le droit d'être. Modestement.

Elle aima d'emblée ce vieux canapé de velours vert aux accoudoirs grignotés par un chat, la table basse en formica teinté d'un orange criard, la lampe bancale, la vaisselle usée et légèrement ébréchée que l'on ne pouvait se contraindre à jeter. Tout cela tricotait un véritable miracle à ses yeux. Un chez elle. Un trésor qu'elle allait pouvoir patiner, le temps de soirées solitaires et paisibles. Un livre épais posé sur l'estomac. Un coussin sous sa tête. Une vue imprenable sur ses pieds nus, puis la rue.

La jeune femme se laissa tomber lourdement sur le sofa. Elle était bien. Presque détendue. Calée. Coincée. Au chaud, repliée sur son ventre. Paupières à peine closes, elle commençait à plonger dans une douce torpeur quand elle entendit de violents coups. Elle ouvrit les yeux avec stupeur. Cela venait du plafond. Des coups énergiques, brefs et rythmés. Un peu comme ceux du théâtre pour annoncer l'ouverture du rideau. Elle se redressa sur ses deux pieds, au garde-à-vous. Ils lui étaient adressés. Elle le savait. Réminiscence d'une vie passée. Jamais son prénom. Plutôt des bruits sourds ou stridents. Qui veulent dire que l'on s'impatiente.

Ces coups qui venaient de faire trembler son appartement parvenaient de l'étage supérieur. C'était sa tante. Avec certitude. Elle n'avait donc pas changé celle que toute la famille appelait la poison, la vieille folle, la terreur. Elle se souvenait de son exigence. Et puis cinq ans au service de bourgeois sévères lui avaient appris les codes. Les sons de l'impatience, de l'agacement, de l'urgence. Elle n'avait besoin d'aucune explication pour comprendre qu'elle devait monter l'escalier au pas de course. Elle enfonça son chapeau sur la tête et saisit la clef. Lorsque la porte claqua, elle était déjà sur le palier de sa tante, toquant le plus discrètement possible sur le double battant en bois.

Elle attendait. Essoufflée. En apnée. Une goutte de sueur perlait sur son front. Réaction fébrile de son corps épais et tremblant dont elle se serait volontiers passée. Un silence pesant régnait dans l'appartement. Une odeur âcre s'échappait des pores de sa peau. C'était toujours ainsi lorsqu'elle avait peur. D'ailleurs, aussi loin que remontaient ses souvenirs, elle avait toujours eu peur.

Les sourcils froncés de son père lui revenaient en mémoire. Un regard froid et noir comme un puisard. Celui qu'il affichait quand elle avait heurté par mégarde la table du salon, envoyant virevolter une théière en porcelaine. La mine glaciale de sa mère, effondrée par tant de maladresses, qui toisait sa fille unique comme un encombrant. Un objet sans forme qui gênait le passage. Traînait entre les pieds. Embarrassant.

Comment ces gens d'une si belle lignée avaient-ils pu concevoir une descendance aussi disgracieuse ? C'est ce que son regard furibond semblait dire. Une disgrâce, comme une cicatrice au cœur d'une existence presque parfaite. Une balafre dans une vie où tout n'avait été qu'ordre et élégance. Jusqu'à cette enfant au visage flou, au corps pesant, aux gestes maladroits, au pas lourd et à l'âme grise. Même les soins dans les centres de beauté et les achats luxueux dans les magasins les plus cossus n'avaient rien pu faire pour cet être à la silhouette inachevée. Sa mère, désespérée de ne pouvoir pérorer en société sur les talents de sa fille, avait trouvé refuge dans des clubs de bridge dont elle sortait remplie d'oubli et de champagne.

Son père aurait pu l'aimer. Il l'aimait d'ailleurs, mais ne le savait plus.

Sa Clotilde. C'est lui qui avait choisi ce prénom. C'était celui de son premier amour. Il s'était bien gardé de le raconter. On aurait pu croire à la vengeance des cieux. Il s'était promis de la chérir jusqu'à la fin de ses jours. Serrée là, au creux de lui. Si petite.

Au fil des années, il s'était efforcé d'enterrer ses sentiments, pour ne plus contrarier sa femme. Trop de cris, de pleurs, de crises la nuit, puis le jour. Toujours. Il avait longtemps essayé d'excuser le comportement de Clotilde, de prendre sa défense, de pardonner sa maladresse, d'effacer son absence de grâce. Celle dont on ne disait ni qu'elle était belle, ni jolie, ni mignonne. Ni qu'elle ressemblait à l'un ou l'autre. On se penchait sur le berceau en soulignant combien elle était sage, après un silence gêné. Qu'il était merveilleux d'avoir une enfant si calme. On évoquait ces parents qui ne dormaient plus, ne savaient plus que faire de ces nouveau-nés braillards. Cette fillette sans finesse, c'était la sienne. La grâce viendrait avec le temps comme le racontait cette histoire du « vilain petit canard ». Il avait confiance. De guerre lasse, il implorait sa femme d'essayer de l'aimer, tout simplement. Martha l'avait fusillé du regard. Fustigé, ignoré, égratigné. Elle l'effrayait parfois. Il était au-dessus de ses forces de lutter. En grandissant, ses arguments aggravaient les punitions. Décuplaient la haine. Il avait fini par ne plus voir sa fille. Par manque de courage. Pour la sauver aussi de la colère et des coups. Un peu comme ce pardessus qu'il accrochait à une patère sans plus s'en rendre compte, il l'oubliait là, plusieurs jours, puis se souvenait qu'elle était son enfant. Souffrances. Peines et abstinence. Parfois même la violence. Il avait baissé les bras sans comprendre pourquoi cette mère ne l'aimait pas. Sa fille. Son corps, son sang. Ce miroir défiguré que cet être lui renvoyait. La vision déformée de ses propres défauts. Ce mauvais choix des gènes. Ce combat. Cette lutte. Ce corps à corps. Ces silences. Ces absences. Cette ignorance. Il avait renoncé.

Clotilde s'était accommodée de tout cela. Elle avait compris qu'elle n'était pas comme on l'attendait. Elle ne savait pas vraiment ce qui n'allait pas avec sa mère. Gardait ses distances. Prenait plaisir à flâner dans les cuisines. Papotait avec Lola, la femme de ménage qui venait tous les jours et jouait avec elle, depuis sa plus petite enfance. Elle grimpait sur l'aspirateur et se laissait traîner en riant. Se brûlait en repassant pour se faire cajoler. Cuisinait pour lécher le plat et s'asseoir sur les genoux de Lola. Tripotait son collier, ses chiffons, ses chaussons. Fouillait dans son sac et y trouvait une plume ou un bonbon. Souvent, elle traversait le village pour rendre visite à sa grand-mère adorée. Douce et tendre mamie. Lasse de vivre seule dans une demeure où le moindre bruit amplifiait le vide de cette vieillesse qui l'avait prise en plein vol. Une vieille dame qui chérissait cette enfant justement parce qu'elle était grosse et pataude. Une enfant qui savait cueillir l'amour où il était. Une petite fille douce qui aimait pour toujours. Même vieille. Fragile. Radotant et râlant. À bout de souffle.

Le reste du temps, Clotilde dépensait toute son énergie à ne pas se faire remarquer. Elle pouvait rester des heures entières, presque immobile, à admirer le feu dans la cheminée ou le bruissement des arbres dans le jardin. Invisible jusqu'à la prochaine catastrophe. Elle allait heurter un meuble ou mal appréhender le coin d'un tapis. Elle claquerait une porte, renverserait une table en courant. Ces accidents qui arrivaient à chacun déclenchaient avec elle une foule de conséquences sonores et humiliantes. Elle brisait des objets, se retrouvait entièrement trempée ou badigeonnée, avant même d'avoir compris ce qui venait de se passer. Sa mère levait à peine le sourcil et appelait à l'aide en secouant une clochette stridente, se refusant à demander si sa fille avait pu être blessée au passage. Ces consternantes maladresses prenaient une réelle envergure en présence d'invités à la maison. Les repas de famille étaient de véritables épreuves. Clotilde semblait alors avoir mis au point un numéro de cirque qui se terminait toujours par une invraisemblable humiliation. De la cheville tordue qui entraînait un plongeon dans un décolleté à la glissade dans l'escalier qui s'achevait par un nez cassé sur le mur de l'entrée. Ces chutes spectaculaires. Son corps suspendu un instant dans le vide pour s'écraser ensuite lourdement. Une cascade de malheurs et d'objets brisés qui détournait toute personne, même les bienveillantes.

Par peur de se retrouver dans l'œil du cyclone. D'être ridicule. De faire rire les autres. Personne ne pouvait assumer cela.

Le dernier incident avait couronné la communion solennelle de sa cousine Alice. Toute la famille était réunie. Sortant précipitamment des toilettes du presbytère pour ne pas se tortiller pendant la messe, comme disait sa mère impatiente, Clotilde avait effectué une entrée des plus remarquées en traversant l'intégralité de l'église, sa robe coincée dans les collants, laissant apparaître une fesse tombante sur une cuisse épaisse et molle. Regards figés. Interdits. Pétrifiés. C'était une enfant. La pauvre. Oui, pauvre enfant. Elle était si fière d'avoir franchi cette longue allée sans incident. Elle s'était tenue bien droite en remontant la nef et avait marché sans lourdeur, comme on le lui avait enseigné. C'est en s'asseyant qu'elle avait senti le bois glacé du banc sur sa chair et compris les chuchotements et ricanements qui couraient dans les rangs. Elle était restée immobile et tendue, n'osant chercher secours dans le regard de quiconque. C'est alors que les sanglots avaient pris son cœur pour ne plus jamais le quitter. Les larmes avaient commencé à couler le long de ses joues rebondies pour ne plus se tarir pendant les jours qui avaient suivi. Des larmes de toute une vie qui venaient recouvrir comme un village englouti tous ses malheurs passés. Des gouttes de chagrin qui avaient fait fuir les invités qui ne savaient trouver les mots pour la consoler. L'excuser de cette triste posture. L'approcher. Lui poser la main sur l'épaule. Ils ne voulaient pas être ridicules, les gens, juste par bonté. Elle était restée seule longtemps après que la lumière se fut éteinte dans l'église. Même les cierges avaient renoncé à garder une lueur. Comme pour gommer tout espoir.

Elle s'était précipitée à « la maison de ses parents », comme elle l'appelait. Elle avait pris un grand sac. Celui qu'elle n'avait pas le droit de toucher. Qu'on perchait tout en haut de l'armoire de sa chambre. Pour protester. Une seule fois. Ce sac Vuitton qu'aimait exhiber sa mère lorsqu'ils partaient en voyage. Celui qu'elle tenait de sa propre mère. Comme pour montrer toute cette richesse qu'ils avaient fait fructifier. Elle disait qu'ils étaient plus beaux encore quand ils étaient patinés par les ans. C'est pour cela qu'elle l'avait pris. Pour penser à cette mamie, gommée par le temps, qui d'un coup de folie avait acheté quatre sacs qui constituaient une série. Elle ne les désirait pas vraiment, mais la collection s'appelait Albatros et elle rêvait souvent de la mer et des grands oiseaux. Elle aimait follement flamber. Savait parfaitement que cet achat était une pure extravagance. Sa mère lui avait tout interdit ensuite, achats et chéquiers. Les vieux ne voyageraient plus. Ne dépenseraient plus. Mamie avait juste baissé la tête tristement. Ce soir-là, sa liberté s'était envolée avec l'Albatros à larges damiers.

Clotilde avait empilé tout ce qu'elle trouvait dans ce beau sac qui avait arraché tant de soupirs à sa grand-mère, et elle avait filé vers la gare. Le train l'avait ballotée jusqu'à la capitale, vers une autre vie, d'où elle n'avait plus jamais entendu parler de ses parents. Silence. Fin d'enfance.

Jour après jour, la boule qui grandissait dans son ventre avait disparu comme si elle retournait dans sa coquille.

Certes, le travail d'employée de maison qu'elle avait décroché n'était pas réjouissant, mais au moins, elle avait un foyer. Sans haine. Juste la transparence qu'elle recherchait. Et puis nettoyer pour les autres, c'était comme se laver. Il fallait un peu d'humiliation. Beaucoup de fatigue pour guérir. Frotter. Frotter encore ces malheurs jusqu'à ce qu'ils disparaissent. Pendant ces cinq années, elle était devenue celle que l'on oublie en éteignant une pièce. L'absente. Elle accomplissait ses tâches sans rien en échange. La perle, comme la nommaient ses patrons pensant qu'elle n'entendait pas non plus. Désignant ainsi non pas un joyau, mais un service. « Pas baisable », avait dit l'aîné de la famille en s'esclaffant bruyamment avec ses camarades. « Même sur une île déserte , avait-il rajouté en imitant son physique hommasse et sa démarche chaloupée. Et je ne te parle pas du look ! Elle est jeune pourtant, paraît-il. Mais les boudins font tout pour aggraver leur cas, pas vrai ? » Éclats de rire cinglants. Adolescents cruels. Qui volaient dans les sacs à main de leur mère de quoi se payer des vodkas qu'ils buvaient d'un trait, avant de se rendre en cours, pour se donner le courage de survivre à un futur sans ambition.

Elle avait assisté à ce mime grotesque sans broncher, même pour y mettre fin. Elle en avait tellement entendu depuis son plus jeune âge que cela glissait sur sa peau comme sur les plumes d'un oiseau. Et c'était bien ainsi. Elle n'avait ni envie de parler, ni de plaire. Elle préférait l'ignorance. Le silence.

Elle avait, chez ses patrons, un lit rencogné au fond d'un couloir sous un escalier de service. Un endroit presque décent loin des autres. Elle avait caché son sac sous le sommier sans ne plus jamais l'ouvrir. Elle trimballait sa misère, ses éponges et son aspirateur, son vieux survêtement déformé et son pull noir usé. Parfois, quand ils avaient tous quitté la maison, elle allumait la télévision, repassait des piles de linge et songeait à sa vie. Une drôle de question finalement. Que pouvait-elle espérer ? Elle restait sans réponse. Se réfugiait alors dans une mièvre série télévisée qui venait happer son esprit et aspirer ses doutes, comme un pansement.

Jusqu'à ce matin froid où sa patronne l'avait envoyée chercher des partitions de piano dans une boutique près des Halles. Elle s'était levée tôt pour tout ranger avant de partir. Devait être revenue à temps pour préparer le déjeuner. « Salade de concombre et poulet grillé », avait dit Madame. Il n'y avait ni concombre ni poulet. Impossible de faire l'aller-retour entre Antony et Paris en si peu de temps. Ranger les courses. Concocter le repas. Dresser le couvert. Baptiser les lits. Tapoter les coussins. Le reste, plus tard dans la journée. Elle courait dans les couloirs du RER, puis du métro qui lui semblaient les plus longs du monde. Un escalier à droite, un tapis roulant où elle passait à deux doigts de la chute. Ses pieds trop grands. Cachés. Empêtrés. Des gens qui la bousculaient avec des paquets. Une femme qui se battait avec sa poussette et son bébé pour pouvoir escalader quelques marches. Personne ne lui prêtait attention. Elle s'énervait. L'enfant hurlait. Une foule dense se pressait sans la voir. La heurtait. Un escalator, des couloirs à l'infini. Un clochard allongé là, immobile dans une mare d'urine. Une odeur de brûlé et d'égouts qui s'entremêlaient. Les pancartes dans tous les sens qu'elle devait suivre sans ralentir. Les femmes et les enfants qui mendiaient entre deux compartiments avec une voix monocorde, presque métallique, récitant tous le même texte. Une misère organisée. Une marée humaine bigarrée.

Ce n'était pas le Paris dont elle avait rêvé. Toute cette misère, elle la portait déjà en elle.

Elle travaillait sept jours sur sept en échange de son logement et de quelques heures qui lui étaient accordées pour ces courses folles qui se passaient sous terre. On lui donnait quelques billets. Elle gardait la monnaie.

Plongée dans ses pensées, elle n'avait pas vu ces trois adolescents venir se vautrer sur les banquettes du métro à ses côtés. Elle avait pourtant senti cette présence animale. Rapide coup d'œil. Celui de trop. Qui les attire comme un aimant. Qui transforme un voyageur en proie. Faux perfectos et grosses baskets orange et dorées. Dernier cri. Une angoisse violente avait étranglé sa poitrine et une goutte avait perlé sur son front. Ils l'avaient regardée d'un air gourmand qui semblait promettre qu'ils allaient bien s'amuser. La victime idéale. Complexée et clouée à son siège. Celle qui connaît déjà la peur. Qui l'attire comme une évidence. Et soudain, le plus efflanqué des trois s'était mis à hurler dans le compartiment : « t'as raison qu'elle est moche, c'est même la pire de la semaine, mais celle-là, elle pue grave et ça, moi j'peux pas ! » Des mots cruels en suspension dans l'air que personne n'attrape. Qui retombent en menaces sur les yeux baissés des voisins. Effarés. « Non, pas moi. » Chacun se répète cette phrase qui gronde comme une colère et fragmente tout son être. Pitié. Pas moi.

Clotilde s'était tétanisée. C'est à cette seconde que

son esprit s'était sauvé au bord de l'océan. Une plage immense et blonde, un air humide qui faisait friser les vagues. Un horizon vide de toute vie. Elle avait fermé les yeux. Se moquant de tout ce qui pouvait se passer dans ce temps suspendu. Juste avant le drame. Avant la violence, les coups, les cris. Si elle y pensait fort, ils ne pourraient plus l'atteindre et peut-être même allaient-ils disparaître ? C'est dans les dunes qu'elle voulait se réfugier. Elle le savait maintenant.

Quand elle avait ouvert les yeux, le compartiment était vide. Les gens se précipitaient de l'autre côté de la voie pour prendre le métro d'en face. Pour effacer ces mots barbares et cette pauvre fille effondrée. Brisée. Pour oublier qu'ils avaient, eux aussi, eu peur à en crever. Cette douleur dans le ventre qu'ils garderaient jusqu'à la machine à café sans oser en parler pendant plusieurs heures. À quand leur tour ?

Elle était restée assise, immobile. Hébétée. Longtemps. Les quais s'étaient vidés. Et si elle changeait de vie ? Là. Maintenant. Juste derrière la trouille. Cette terreur qui avait paralysé son corps et laissé s'enfuir loin ses pensées. Tellement loin qu'elle ne pouvait plus revenir. Elle ne rentrerait pas pour le déjeuner. Elle avait couru dans les escaliers pour retrouver la lumière, s'ébrouer dans les rues de Paris, marcher jusqu'à ne plus avoir de pieds, rêver, les cheveux au vent. Secouer ses os pour faire glisser la violence. Elle retournerait plus tard chez ses patrons, quand ils seraient tous repartis. À l'heure du grand ménage et des pleurs imbéciles, avant la série idiote à la télévision, tellement plus triste que dans la vie. Elle aurait alors quelques heures pour tourner la page.

Elle s'était sentie légère. Avait marché presque avec aisance en recouvrant l'air libre. Respiré à pleins poumons. Au bout de quelques rues, elle sifflotait. Un sifflet juste et fort qui ressemblait à celui des ouvriers sur les échafaudages quand ils se donnent du cœur à l'ouvrage. Elle avait laissé son regard s'échapper des bords protecteurs de son chapeau.

Elle scrutait les portes en bois massif, les corniches, les frises qui couraient le long des vieux immeubles parisiens. Elle marchait à vive allure. Son pied était moins lourd. Elle ne traînait plus ses semelles et ne fixait plus obstinément le sol. Elle allongeait le pas. Son corps s'articulait. Moins douloureux. Elle ouvrait les yeux. Se sentait vivante. Un léger sourire flottait sur ses lèvres. Elle contemplait Paris, comme elle l'avait rêvé en secouant sa boule magique avec ses flocons qui virevoltaient et sa Tour Eiffel bien droite qui surplombait une ville miniature et imaginaire.

Premier étage, à droite

— Entrez, cria une voix éraillée. Mais entre donc, voyons ! Tu ne veux tout de même pas que je me lève pour toi ?

Ces quelques mots ramenèrent Clotilde à sa nouvelle réalité. Elle entendit des pas assurés qui traversaient le couloir en quelques enjambées.

— Bonjour Mademoiselle. Vous êtes Clotilde, n'est-ce pas ? interrogea le jeune homme au sourire paisible, essayant de mettre à l'aise celle qui semblait se ratatiner devant lui. Ne faites pas attention à sa mauvaise humeur. Thérèse aboie souvent, mais mord rarement. Je viens de lui faire une piqûre pour soulager son dos. Elle déteste ! Mais je suis certain qu'elle est ravie de vous revoir. Elle ne me l'a pas dit, mais elle parle de vous sans arrêt. Il faut la décoder, vous savez !

Le jeune homme lui avait cédé la place et il avait repris d'un pas nonchalant la traversée de l'appartement, n'attendant aucune réponse. Ce médecin avait l'habitude des longs monologues avec ses « sans âge », comme il les appelait. À force de solitude et de postes de télévision au son poussé au maximum, les vieux ne bavardaient plus. Il essayait d'être gai et de leur raconter des anecdotes pour les obliger à sourire. Quand ils se détendaient enfin et oubliaient leurs douleurs, il savait qu'il pouvait leur remettre leur ordonnance et partir. Il les avait fait remonter à la surface. Leur avait offert un rayon de soleil pour les jours à venir. Quatre jours, le plus souvent. Ensuite, cela se dégradait de nouveau et la famille rappelait. Bertrand était une espèce en voie de disparition. Un médecin talentueux, au physique séduisant, qui avait renoncé à faire fortune en abandonnant des soins lucratifs pour se consacrer à la gériatrie et à ses vieux dont personne n'aimait s'occuper, car ils étaient le reflet de ce à quoi tout le monde voulait échapper.

La traversée du couloir fut longue. Plus de cinq cents mètres carrés d'appartement vide ! Clotilde n'osait se montrer curieuse, mais observait, étonnée, les pièces nues qui se succédaient. L'absence totale de meubles et d'objets. Le tout baignant dans une blancheur immaculée. Au bout de cette enfilade s'ouvrait une chambre coquette aux couleurs gourmandes, au milieu de laquelle régnait un lit médicalisé. Thérèse y trônait. Clotilde n'avait pas vu sa tante depuis bien dix ans et il lui sembla qu'elle avait triplé de volume. Celle qui autrefois dodelinait sur ses grosses jambes enfoncées de force dans des escarpins vernis, poussant involontairement les canapés lorsqu'elle essayait d'y poser son séant, prenant de l'élan pour capturer cet objet rampant, celle dont les fesses et les bras formaient d'énormes sacs de graisse qui s'entrechoquaient comme des boules de pétanque, celle-là même n'était plus qu'une masse informe surmontée d'une tête flamboyante. Totalement difforme et dans l'impossibilité absolue de se déplacer, Thérèse, étendue sur son lit blanc, dominait royalement l'espace. Immaculée.

Mère supérieure. Tirant de son surpoids une puissance exceptionnelle. Ne tolérant nullement d'être contrariée ou malmenée. Elle régnait sur son monde avec la supériorité d'un chef de tribu. Rien ne paraissait traduire une quelconque tristesse, ni même la pointe d'un complexe dans son attitude.

— Approche, mon petit, dit-elle d'une voix tonitruante, plus près… Mouais… Ça n'a pas l'air d'aller fort. Bertrand, avancez un fauteuil à cette enfant qui me semble un peu empotée !

Bertrand s'exécuta. Fit un clin d'œil appuyé à Clotilde. Releva d'une pichenette le bord de son chapeau afin de lui éviter une nouvelle remarque.

— Ça va aller ! chuchota-t-il.

Il naviguait dans la pièce, parfaitement à l'aise. Rangeait méticuleusement ses instruments. S'amusait de voir Thérèse dans son rôle bien connu de Mère supérieure, mordante avec ses proches, rappelant à chacun qui était le patron. Il n'en espérait pas moins d'elle. C'était un excellent signe de santé et cela prouvait que son faible cœur et ses poumons poussifs retrouvaient de l'allant ! Il avait toujours eu confiance en cet esprit brillant et rageur.

Il allait bientôt filer rejoindre ses « sans âge ». Il aurait aimé leur donner un peu de la puissance de Thérèse. Il savait bien qu'il était le dernier rayon d'espoir de ces flammes de vie. Vacillantes. Radotant gentiment. Parlant de leurs vingt ans. De la guerre. De leurs enfants. Loin. Tellement pris par leur propre existence. Quelques réussites effaçant le présent et leurs listes de médicaments posées sur la table de nuit. Trouvant toujours une anecdote pour le retenir. Répétant les mêmes histoires à chaque visite. « Tellement mignon, ce jeune... » disaient les mamies folles de lui. Si elles étaient plus en forme, elles se seraient facilement laissé conter fleurette.

Il observait Clotilde et s'avouait qu'elle serait sans doute la dernière compagnie de Thérèse. Il était rassuré par ce cadeau du ciel. Il avait immédiatement su qu'elles allaient se construire ensemble.

— Portez-vous bien, lança-t-il en traversant l'appartement à grandes enjambées.

Thérèse ne fit aucun commentaire. Son regard acéré toisait « sa p'tite » sans compassion.

— J'imagine que tu n'as pas informé tes parents de ton arrivée ici ?

— Euh ! non, à vrai dire...

— Ils t'ont cherchée pendant des mois et des mois. Ils étaient désespérés. Ta mère particulièrement, ce qui m'a étonnée. Je ne la pensais pas capable de ressentir une émotion, cette très chère Martha. Ton départ l'a franchement secouée. Je crois d'ailleurs qu'elle est un peu... comment dire... dérangée depuis. Ton père, ce malheureux Robert, a agi de son mieux. Comme toujours, pauvre homme. J'aime mon frère, comme tout un chacun, mais il n'a jamais brillé par son courage. Bon. J'ai appelé. Histoire de les rassurer. Ne t'inquiète pas, ils ont bien compris que tu ne voulais pas les voir ! Nous n'en causerons plus.

Clotilde était restée impassible. Non concernée. Émotion absente. Posée en équilibre sur une chaise en osier. Comme si sa tante lui parlait d'une autre.

— Oui, c'est bien ce que je pensais, reprit Thérèse, nullement gênée par le silence de sa nièce... Je t'ai fait préparer un plateau dans l'arrière-cuisine. Descends-le. Je déteste les odeurs de nourriture et les bruits de bouche. Reviens demain matin. À dix heures trente. Précises. Nous parlerons de ton avenir. Je suis heureuse que tu m'aies appelée, mon petit. File.

Clotilde s'était retrouvée sur le palier, les bras chargés de mets appétissants. Vaisselle en porcelaine blanche. Liseré bleu et or. Consommé de potiron. Pain fait maison. Riz au lait à la vanille. Délices. Elle descendait les marches prudemment. Abasourdie par cette première rencontre.

Premier étage, à gauche

Le lendemain, comme convenu avec sa tante, Clotilde montait l'escalier tenant à bout de bras un plateau de vaisselle parfaitement propre et empilée. Son regard, fixé trois marches plus haut pour ne pas tomber, heurta une paire de bottes vernies noires aux talons vertigineux, ornées de grosses boucles en métal. Il était dix heures. Clotilde avait décidé qu'elle s'assiérait sur le palier pour attendre son rendez-vous. Les chaussures martelaient le sol impatiemment, semblant demander un passage en urgence.

— Pardonnez-moi, implora Clotilde tout en se balançant maladroitement d'une jambe sur l'autre.

La vaisselle glissait dangereusement sur le plateau.

— Pas de mal, lâcha la voix légèrement éraillée de la jeune femme.

Clotilde avait eu le temps d'apercevoir des bas noirs, une jupe minuscule à carreaux rouges et un perfecto en vinyle vermillon.

— Eh ! faut t'en remettre, ma vieille ! Tu vas où avec ce plateau ? Oh ! ne m'dis pas que c'est toi la nièce de la Vilaine. Tout l'immeuble est au courant de ton arrivée. Eh ! te bile pas. J'vais rien te faire. D'ailleurs, j'l'aime bien la Vilaine. Elle aboie plus qu'elle ne mord. Remarque, t'as intérêt à être dans ses petits papiers. Sinon, elle bombarde. C'est de l'artillerie lourde, la vieille ! Elle te fait attendre dix heures trente comme tout l'monde ? Et toi alors, tu récurais les quartiers bourges à c'qu'elle m'a dit. Si c'est pas malheureux. Moi, j'ai toujours vu ma grand-mère pliée en deux sur un truc à nettoyer et franchement, je me suis juré de ne pas refaire la même !

— Et quel métier exercez-vous ? demanda Clothilde dans un souffle.

— Je travaille à la télévision, répondit-elle en ralentissant la prononciation de cette phrase comme pour faire bien comprendre ce qu'elle venait d'énoncer. Elle adorait l'émotion et la curiosité qui se lisaient alors sur les visages. Un vrai régal ! La télé, voilà un mot qui produisait toujours un effet magique.

En voyant la bouche de Clotilde s'arrondir comme pour laisser passer une bulle, elle rajouta :

— Tu sais, j'fais la météo sur une chaîne locale, et c'est pas mieux que les ménages chez les riches. D'ailleurs, ils appellent aussi ça les ménages, les mecs de l'info. Eux, ils se croient toujours au-dessus du panier. Moi, ils pensent que j'ai rien dans le crâne et que c'est mes nichons que le boss a choisis. J'ai jamais compris, de toute façon, quel rapport ils font entre les grosses loches et les p'tites têtes. Tu m'diras que c'est plutôt eux qui ont rien dans le cigare quand ils reluquent un décolleté. Te bile pas en tout cas, mon chat, ils savent pas encore que je vais les croquer, ceux-là ! J'en f'rai qu'une bouchée et pendant qu'ils materont mon derrière, j'leur piquerai leur « prime ». Ni vu ni connu, j't'embrouille, c'est ma spécialité !

C'est le moment qu'elle choisit pour faire claquer son chewing-gum à la fraise sur ses dents de porcelaine.

Un bruit qui résonna dans l'escalier suivi d'une grimace étonnante pour vérifier que rien n'était resté collé sur son brillant à lèvres bon marché. C'est à cet instant-là, précisément, que Clotilde commença à l'aimer. Elle était véritablement irrésistible. Un sourire naissant venait de pointer sur son visage habituellement fermé.

— J'm'appelle Claudie. En réalité, c'est Claude, mais j'veux pas qu'on me prenne pour un travelo ! On ne sait jamais. Les gens ont des idées tellement bizarres pour occuper leurs journées ! Faut croire que mes parents avaient tout donné quand j'suis née ! Ils n'ont même pas été foutus de me trouver un prénom de fille. Pire que ça, ils n'y ont pas réfléchi ! Tu vois, je reviens de loin.

— Moi, c'est Clotilde. Elle lâcha d'une main le plateau qui vacilla et la lui tendit avec précaution.

— J't'appellerai Clo, dit-elle en lui balançant un coup de poing de basketteuse sur les doigts, heureusement amorti par des mitaines tricotées maison. J'préfère. C'est moins fin de race. Bon, c'est pas l'tout, mais il faut que j'y aille. C'est l'patron qui passe me prendre ce matin. Trop long à pied ! Ça fusillerait mes bottes neuves. Mortelles, non ? J'te brieferai sur les belles boutiques. O.K. ?

La porte de chez la tante s'ouvrit laissant le regard de Bertrand, le médecin, glisser sur les deux jeunes femmes en pleine discussion.

— Ah ! Clotilde, vous avez fait connaissance avec notre délicieuse Claude.

— J'tai déjà dit de pas m'appeler comme ça, toubib ! s'exclama-t-elle en rougissant.

Sa voix grondait, mais ses yeux brillaient.

— Même les très beaux garçons ne peuvent pas tout

s'permettre, ajouta-t-elle en minaudant, visiblement sous le charme.

Bertrand riait de bon cœur. Sans prendre la peine de répondre, il saisit fermement Clotilde par la manche et la fit entrer dans l'appartement de Thérèse Daquin.

Deuxième étage, à droite

Clotilde venait de reconnaître le pas bondissant de sa nouvelle amie dans l'escalier. Le double clic des talons et le bling-bling des strass s'entrechoquèrent. La porte d'entrée claqua. Trop violemment pour les joints de pierres XVIIIe. Elle lança son livre au milieu de la pièce. Bouffée de joie. Mains qui picotaient d'excitation. Petite musique dans la tête. Elle se leva précipitamment pour accueillir celle qu'elle appelait secrètement « son oxygène ». Elle adorait sa voix, sa façon de pincer avec ses ongles manucurés ses cigarettes qu'elle allumait les unes derrière les autres en crapotant, ses cheveux longs qui sentaient la vanille, ses vêtements colorés, superposés, déchirés. Ses discussions débordantes. Cela faisait presque un mois qu'elles se retrouvaient régulièrement devant un thé au crumble synthétique. Claudie prétendait que c'était aussi savoureux que les gâteaux de grand-mère, mais avec les kilos en moins. Allégé. Parfois, elles le concoctaient pour de vrai, le gâteau. Dix minutes au four préchauffé à 250 degrés. Pur délice. Clotilde fermait les yeux pour garder ce bonheur intact. Bouche, cœur, cerveau. Trop bon. Tout. Elle surtout. Sa meilleure amie, comme disaient les petits. Elle se préparait à ce que cela s'arrête pour ne pas avoir trop mal, au cas où... Elle pensait que cela pouvait arriver. Ce soir. Demain. Une amitié brisée. Qui pouvait l'aimer ? Pourtant, inlassablement, jour après jour, sa voisine venait se raconter. Papotage. Petits riens. Ton badin. Le plein d'anecdotes sur les garçons, les cadeaux, les restos, le boulot. Comme un livre. Des chapitres câlins. Des refrains. Des gens qui revenaient dans une histoire inachevée. D'autres qui se trouvaient éjectés. Vertement. Grossièrement. La main du patron sur ses fesses, tous les jours. Les vannes des techniciens. Le régisseur qui fondait en la croisant. Ne parlait jamais. Voyait flou. Mélangeait les boutons avec les pressions. Claudie, son sourire, ses fossettes. Cette odeur de biscuit au beurre dans son sillage. Ce silence après elle. Cette attente qui reprenait. Pour revivre. Rencontrer les vraies gens. Leurs histoires sans s'y frotter. Juste de loin en les imaginant bouger.

Elle ouvrit la porte à la volée. Aperçut son amie ensevelie sous la masse corporelle et bronzée du voisin du second. Deuxième étage, à droite. Elle devina sa façon bien particulière de se tortiller avec les garçons, puis son rire qui fut immédiatement stoppé par la langue avide d'un amoureux transi qui venait ainsi de mettre fin à son bavardage. Oups ! Il n'aurait pas dû faire ça, se dit-elle, elle déteste qu'on lui coupe la parole. Non, et puis pas la langue. Pas sans amour ! Elle eut juste le temps de voir Stanislas Kauvarik voler au-dessus des premières marches et se rattraper sans grande élégance à la rambarde. Il perdit de sa superbe. Chancela un instant.

Elle repoussa la porte. Honteuse. Les yeux baissés obstinément. Dos plaqué contre le battant. Stanislas

Kauvarik, l'incroyable gendre idéal qu'elle avait croisé dans les étages trimbalant avec aisance ses merveilleux jumeaux, deux biberons enfoncés dans chaque poche de son jean qui laissait entrevoir des hanches saillantes et bronzées. Ce même garçon qui entourait amoureusement les épaules de sa jeune femme, fraîche et heureuse, et lui susurrait à l'oreille des mots qui la faisaient glousser. Cet homme aimable qui semblait toujours pressé de retrouver son nid lorsqu'il rentrait de ses longs voyages autour du monde. Ce papa qui, elle en était certaine, changeait les couches de ses petits et leur chantait des berceuses. Ce type avait les doigts enfoncés dans la culotte de Claudie et essayait de forcer l'entrée de sa bouche à la cerise.

Clotilde entendait résonner dans ses oreilles le bruit sourd de son cœur battant. Scène volée. Son amie. Premier orage. Intimité. Non, elle ne voulait pas mater. Piquer. Faucher. Vivre par procuration. Elle ne savait même pas ce que c'était la vie. Elle qui traînait sa carcasse de vides en vides. Trop vite pour elle. Des mots, mais pas d'images. Elle sentait des larmes d'angoisse l'envahir. Elle entendit alors sa voix pressante sur le palier.

— Eh ! Poulette, ouvre-moi…

Clotilde s'exécuta. Claudie rentra dans l'appartement en lissant les plis de sa jupe courte.

— Je suis franchement et terriblement désolée, Claudie. Je…

— Te bile pas. J'voulais pas y passer. Tu m'as sauvé la mise. Il devient un peu trop collant, le Stan ! Ça va lui faire du bien d'attendre son ticket d'entrée !

— Mais il est marié ! s'étrangla Clotilde.

— Heureusement ! Ça me fait des vacances. Il ne

pense qu'à ça. Et j'y ai droit à chaque fois qu'il rentre de voyage. Grâce au ciel – pardonnez-moi, seigneur, implora-t-elle en se croisant les doigts, comme toujours lorsqu'elle blasphémait – il est steward sur long courrier à Air France et il part suffisamment longtemps pour que je puisse respirer un peu. Il se balade dans les îles. Il prétend que les filles y sont lascives. Tu vois l'genre ! Et puis quand il rentre, il est pas crevé, lui ! Il a tout son temps ! Il dit que c'est pas un métier qu'il a choisi, plutôt une existence différente !

— Mais sa femme…

— Elle est prof, alors tu sais… c'est réglé comme du papier à musique. On a la belle vie jusqu'à dix-sept heures vingt-deux tous les jours. J'adore d'ailleurs le faire jouir à dix-huit. Lui, il perd les pédales et moi j'écoute la porte d'entrée.

— Mais pourquoi le mets-tu en danger ?

— Il fallait être sage ! Il ne demande qu'à jouer avec le feu et moi aussi.

— Mais il ne l'aime pas, sa femme ? Il a l'air tellement amoureux quand je le croise… Oh ! pardon… Je ne voulais pas…

— Roucouler… ouais, il roucoule, mais il ne baise plus ! Entre la grossesse thérapeutique, la césarienne et les nuits blanches, c'est pas très aphrodisiaque comme plan, tu vois ! Alors, je pallie le manque, ajouta-t-elle en rigolant ! En tout cas, entre deux avions. Il revient toujours avec un peu plus d'imagination.

— Mais toi ?

— Moi, je craque complet pour ses fesses dures et bronzées et puis, entre nous, il est assez inventif côté… tu vois ce que je veux dire ?

— Pas vraiment, tu sais, moi…
— Ça viendra, ma poulette, quand on se sera occupé du reste.

Clotilde regardait Claudie avec un certain effroi lorsqu'elle prétendait *s'occuper* d'elle. Fermait les yeux et s'imaginait en vinyle rouge et minijupe, et, immédiatement, cette affreuse transpiration revenait.
— Stresse pas, Baby, tout va bien, la rassurait alors son amie. C'est le malheur qui nous rend moches !
— Et si tu tombais amoureuse ? Ça arrive ce genre de sentiments avec des hommes mariés ! L'envie de le prendre à une autre, d'être la seule aimée, de…
— T'inquiète, Poulette ! On n'est pas dans tous les bouquins que tu avales. C'est juste une petite affaire de baise avec un voisin. Et puis moi, de toute façon, j'ai l'air d'une sauterelle déguisée, mais je préfère les cerveaux. Eh ouais ! Avec Stan, il vaut mieux que cela s'arrête à dix-sept heures dix-huit parce qu'après, ses parties de surf et de tennis aux Seychelles, ça m'fait pas rêver. Son bronzage et ses cheveux qui sentent la plage j'adore, mais j'veux surtout pas savoir comment il s'y est pris. C'est comme quand les nanas te racontent leurs histoires de poils ou de cellulite ! C'est glauque. Moi ensuite, j'pense plus qu'à ça ! Pour bien aimer, il faut être concentré. Au fait, ça s'est passé comment avec la Vilaine ?
— Plutôt bien. Elle a refusé que je lui paye un loyer pendant les six premiers mois, mais elle compte sur moi pour que je trouve un emploi. N'importe quoi, m'a-t-elle ordonné, sauf le ménage. Interdit. « Faut laisser ça à ceux qui n'ont rien et ça t'occupera le cervelet », tonna-t-elle en imitant sa tante. Elle m'a même intimé l'ordre

de te demander conseil. Je ne savais pas que tu étais si proche d'elle. Elle t'adore. Elle me parle toujours de toi.

— La Vilaine, je passe la voir deux fois par semaine depuis quatre ans que j'habite ici. Contre vents et marées, j'y vais. Elle me rappelle ma grand-mère. C'est un peu comme si elle était revenue sur terre dans ce gros corps. Elle me fait marrer et puis elle a une langue de vipère. J'adore ça, les gens qui peuvent être vraiment cruels sans faire de mal à une mouche. J'lui confie mes p'tites aventures. Elle craque complet quand j'attaque le chapitre des mecs. Elle les trouve tous nazes, alors j'en rajoute. Je lui décris leurs petits renoncements. Leur courage en berne au boulot, cette façon qu'ils ont d'avaler les couleuvres et de se venger sur les petits. Ce qu'ils racontent sur leurs bonnes femmes. Comment ils aiment se plaindre et se la jouer en même temps. Ça, c'est pour préparer la tromperie. Après, tout le monde trouve ça normal. Elles sont tellement chiantes, qu'ils disent. Et vas-y que je me tape la p'tite stagiaire. En douce, mais personne n'est dupe. On ment à la Madame quand elle appelle et qu'elle le cherche partout. On lui fait gober que pas de chance, il vient de sortir dans le couloir… et il court vite, son lapinou, crois-moi ! C'est pour ça qu'elle s'est jamais mariée, la Vilaine. Elle les trouvait toujours « décevants et poltrons », comme elle dit avec ses p'tits mots d'avant. Quand on a fini de boire le thé, je lui vernis les ongles des pieds. Elle a beau être repoussante, la Vilaine, elle est restée coquette. Je le lui répète à chaque fois et elle est morte de rire. La seule idée de montrer ses petits pieds boudinés au toubib la fait fantasmer. Il lui a d'ailleurs précisé, l'autre jour, qu'il n'était pas un homme facile et qu'il ne cèderait pas comme ça à ses avances. J'l'adore, ce type. Tu vois, lui, c'est vraiment le genre de mec pour lequel je craque complet !

— Et alors, lui ?

— Non, lui, il est différent. C'est un gars bien. Le style à ne même pas remarquer que les sauterelles sont déguisées !

Elle éclata de rire. Un rire cristallin qu'elle laissait échapper, la gorge déployée.

Clotilde la regardait tendrement. Elle savait qu'elle la garderait là pour la soirée, qu'elles grignoteraient quelques biscuits trempés dans du thé à la fraise et qu'elles s'amuseraient. Follement. Cela ne lui était jamais arrivé. À en avoir des crampes sous les côtes. Rire et se dire que cela était si bon que l'on pourrait pleurer. Ça faisait bouger tout son gros corps. Comme de la gelée anglaise. Elle s'en moquait.

Elles ne s'étaient plus quittées finalement depuis qu'elle s'était installée dans l'immeuble. Le premier jour, Claudie était revenue du boulot avec deux *cheeseburgers* et lui avait confié qu'elle n'avait pas envie de répondre aux nombreux appels du soir. Les « plans cul », comme elle les appelait. Ras-le-bol de se faire sauter pour un dîner. C'était plus fort qu'elle. Elle n'arrivait pas à dire non quand ils devenaient gentils. Après, elle aurait voulu les gifler. Elle rentrait déçue et elle traînait sous la douche. Incapable de dormir. Elle lui avait expliqué que, dorénavant, elle s'incrusterait. Au moins chez elle, on la laisserait tranquille ! Clotilde avait ouvert sa porte à cette longue bringue dévergondée au bustier pigeonnant et aux jambes sans fin. Elle se demandait, chaque minute, ce que Claudie lui trouvait de bien. C'était exactement le genre de filles qui la bombardait de méchancetés et la martyrisait au collège. Des pestes qui se regroupaient en classe pour mieux agresser les « p'tites bourges », comme elles les appelaient. Surtout les grosses cailles comme elle, disaient-elles les dents serrées. Elle voyait alors percer dans leurs yeux un éclair de folie comme si ces kilos de graisse qu'elle portait en carapace réveillaient chez ses bourreaux des trésors de cruauté. Elle savait bien que, dans ce cas, elle serait seule et que les « p'tites bourges » allaient se carapater, l'abandonnant en larmes au milieu de la cour. Elles la pinçaient fort. Elles enfonçaient leurs doigts acérés et manucurés dans les chairs et cela dessinait de longues rayures sur la peau. Pincer, c'était sournois. Un geste de pimbêches lâches et cruelles. Si au moins ses parents l'avaient laissée dans son collège privé, elle n'aurait pas connu ces mises à mort quotidiennes. Peut-être qu'une surveillante plus chrétienne que les autres aurait volé à son secours. Sa mère lui avait alors rétorqué, un jour qu'elle se plaignait de ces maltraitances, qu'elle ne valait pas ce budget mirobolant et que les filles moches n'avaient pas besoin d'éducation puisqu'elles restaient immariables !

Clotilde enfonçait son chapeau de feutre noir sur la tête, mettant ainsi ses cheveux à l'abri. Une protection qu'elle considéra dès lors comme une camisole de silence. Tenant à l'écart les autres et oublieuse de sa scolarité, elle cessa de travailler en classe, certaine d'en finir plus vite. Elle se réfugiait sous le préau ou dans les toilettes des filles pour lire les innombrables ouvrages qu'elle subtilisait discrètement dans l'immense bibliothèque de ses parents. Une position stratégique pour les entendre, derrière les portes ajourées, répandre leur venin sur leurs soi-disant copines. C'est ainsi qu'elle fit le constat que, dans ce collège, tout le monde se détestait ! Les unes et les autres passaient leurs récréations à descendre en flèche leurs camarades. Une telle était mal fringuée, celle-là avait avoué son amour pour ce garçon qui, en l'apprenant, l'avait raconté à toute la cour. Une troisième était tellement ridicule en tenue de sport que les filles venaient s'agglutiner dans les vestiaires pour commenter son anatomie difforme et moquer sa poitrine opulente.

Clotilde en avait conclu que le monde allait ainsi. Que les êtres étaient sur terre pour s'entretuer. Qu'à bien analyser les informations télévisées, elle avait finalement eu la chance de ne pas avoir été battue ou torturée physiquement. Chaque gentillesse était un don du ciel qu'elle appréciait infiniment en se répétant que c'était peut-être son dernier bonheur et qu'après, sa vie pouvait s'arrêter.

Deuxième étage, à gauche

Bernard Brousset grimpait chaque jour ses deux étages en franchissant les marches quatre à quatre. Comme tous les mercredis, trois moineaux le suivaient en piaillant bruyamment. Le premier, qui lui ressemblait comme un frère, avait une douzaine d'années. Il talonnait son père quoiqu'il arrive et semblait totalement sous contrôle côté cerveau et mouvements. La deuxième avait pris le parti d'en faire baver à son aîné ! Elle n'avait que dix ans, mais s'élançait avec vigueur sur les pas des deux joggeurs, sourire insolent aux lèvres. Tête dressée et souffle maîtrisé. Un petit chiffon, à peine âgé de quatre ans, montait péniblement les étages derrière ces athlètes confirmés. Il venait de s'écrouler comme à l'accoutumée sur la septième marche, devant chez Clotilde, où il pleurait abondamment tout en se plaignant d'être fatigué. Sous une épaisse chevelure longue et blonde, on découvrait le minois de Léo. Troisième du nom, il tentait toujours de rattraper Lucien et Léonie qui semblaient nés pour lui rendre la vie difficile. Ce qu'il recherchait, c'étaient les coins chauds et exigus dans lesquels il pouvait se rouler en boule avec son doudou. Un biberon et un dessin animé parachevaient son bonheur. Seulement cela ne se réalisait qu'une fois par semaine avec maman. Le reste du temps, il devait suivre le mouvement. À cet instant, il résistait en chouinant.

— Allez, Léo, active un peu. T'es pas une gonzesse, cria son père déjà rendu sur le seuil de son appartement… Monte ou je te laisse ici, tant pis !

Et malgré les pleurs bruyants, il l'abandonnait là. Seul et reniflant.

Clotilde entrebâilla sa porte pour ne pas l'effrayer. Lui offrit, comme les semaines précédentes, ses bras dodus et un coussin douillet. L'installa face à la télé avec un grand bol de chocolat. La toute première fois, elle avait légèrement ouvert le battant, pensant que le monsieur du deuxième à gauche allait venir chercher sa progéniture. Les mercredis suivants, elle avait renoncé, car ce dernier ne redescendait jamais. Léo vivait dans l'escalier. Chaque marche avait son histoire. Chaque jeu se déroulait à un étage différent et surtout, chaque habitant de l'immeuble avait un rôle dans son quotidien. Les uns donnaient des gâteaux. Les autres offraient leurs toilettes ou prêtaient des tee-shirts propres. Soignaient un bobo. Consolaient. Parfois même ouvraient leurs portes pour accéder à la « Game Boy » ou à la « Wii » qui restaient intouchables chez lui, entièrement vampirisées par les grands. Clotilde, qui avait plus de temps que ses voisins, s'était décidée à l'accompagner à la maternelle. Elle l'avait découvert affalé sur les marches, crachotant sa tartine matinale, parce qu'il avait loupé le mouvement familial qui se rendait d'un pas décidé à l'école à quelques mètres de là. Le père poursuivait son trajet par un long parcours sportif au Jardin public qui longeait leur rue. Rassuré de retrouver son fils tous les soirs à la sortie des classes, il avait cessé de se demander comment il y allait. L'essentiel de sa vie était plutôt tourné vers la taille de ses pectoraux et la rigidité de ses abdominaux. Il fallait reconnaître que ses efforts payaient et qu'il avait plutôt fière allure. Clotilde et Claudie, qui en parlaient abondamment, cherchaient à comprendre par quel miracle Élisabeth, intelligente et fine, avait pu convoler avec une telle buse. Certes, il avait tout du playboy et quand il sautait dans son Cherokee sans toucher ni trottoir ni portière, il avait un rien de ressemblance avec Harisson Ford ! Mais quand même ! Elle était une des femmes les plus brillantes de Bordeaux. Rédactrice en chef du journal Sud-Ouest, elle restait la seule, parmi la gent féminine, à avoir gravi toutes les marches du pouvoir et venait d'intégrer le directoire. Folle promotion dans une cité conservatrice où beaucoup étaient cantonnées à l'éducation de leurs enfants. Clotilde se délectait de ses critiques politiques. Impertinente, rarement grinçante, elle offrait une analyse fine des méandres de la vie de clocher. Elle lui reconnaissait là une petite pointe de malice qui n'appartenait qu'à un esprit puissant et délicat à la fois. Elle avait finalement appris à connaître cette maman absente en lisant ses éditos tous les matins. Elle comprenait ses prises de position et ce qu'elle affectionnait ou ce qui la révoltait. Elle savait quel homme politique elle pourrait soutenir et quel autre lui paraissait insignifiant ou nuisible. Elle sentait cependant que, dans cette réserve naturelle, se cachait une femme de devoir. Son travail avait pris possession de son être. Peut-être parce qu'elle s'estimait coupable de l'avoir abandonné le temps de faire des enfants. À moins qu'elle n'ait fini par croire à son indispensable mission.

Clotilde entendait ses pas qui martelaient les marches à sept heures du matin, puis la porte claquer vers vingt et une heures. C'était la dernière à regagner l'immeuble. Souvent triste. Elle portait en bandoulière la sacoche en cuir de son ordinateur pour pouvoir continuer son labeur à la maison. Un flux tendu. Une possession. Généralement, elle n'était pas la seule à guetter le bruit de ses talons sur le sol. Dès qu'elle poussait le battant, celui qui habituellement rechignait à monter les étages descendait les marches presque en volant et se collait à elle en enserrant ses hanches de ses bras fluets. Léo pleurait souvent de bonheur en retrouvant son grand amour. Parfois, il était encore chez Clotilde. Les deux femmes s'entretenaient quelques minutes sur le palier. D'abord confuse et désarçonnée par la place qu'avait prise Clotilde dans la vie de son fils, Élisabeth parut vite soulagée. Quelqu'un qui lui parlait de son petit. Enfin. Sa douleur. Cette femme active ne s'était jamais résolue à voir grandir son dernier. Et plus elle culpabilisait, plus elle rentrait tard. Car ainsi semblaient faites les mères qui, plus elles maternaient leurs enfants, moins elles s'en détachaient. Le travail jouait alors ce rôle de séparateur. De coupeur d'amour. Elles naviguaient au croisement de deux culpabilités : travailler ou enfanter. Élisabeth s'imaginait libérée en repoussant toute émotion dans la journée. Ce qui lui avait permis d'accéder au directoire. Cette femme belle et sensible, à la peau blonde et fine, surnommée par ses collègues « *cyborg* », était au bord des larmes chaque soir en étreignant son bébé. Retrouvant alors le chemin. Les effluves dans les cheveux. Les menottes qui collent d'amour. Les récits-fleuves, les soupirs, les histoires d'école et de disputes entre copains.

« Topins », disait Léo.

Elle portait le journal fraîchement imprimé à Clotilde comme pour s'excuser. Répondait à quelques questions sur l'actualité. Ne lâchait pas des yeux son fils qui reprenait le fil de sa vie sur les marches. Elle aurait été anéantie d'apprendre qu'il y passait tellement d'heures. Elle fixait parfois l'étage supérieur, comme pour demander si les autres étaient en haut. Elle imaginait qu'un soir elle rentrerait et que sa famille ne serait plus là. Elle s'échappait vite. Portait son Léo avec difficulté, bloqué entre sa hanche et son ordinateur. Il était lourd. Elle n'avait pas mal. Cela faisait bien longtemps que sa douleur s'était effacée.

Aux dires des voisins, il n'y avait jamais un bruit, jamais une discussion. Le silence qui régnait dans cette famille nombreuse était étonnant. Cela n'inquiétait personne. Ils n'y pensaient même pas.

Troisième étage, à gauche et à droite

Sarah et Sophie étaient confortablement installées dans les deux fauteuils crapaud rose tendre qui faisaient face au lit de Thérèse. Coiffée et maquillée, la matrone régnait sur cette assemblée de femmes telle une mère maquerelle. Ambiance grivoise. Voix aiguës. Confidences. Éclats de rire. Silences et persiflages. Clotilde s'était arrêtée net dans le couloir. Trop de femmes. De turbulences. De méchancetés. Sa tante avait l'oreille fine et entendit craquer le parquet malgré le brouhaha.

— Viens, chaton, je vais te présenter les deux « S », les serpents de l'immeuble, vociféra Thérèse !

Les deux voisines gloussaient. Habituées aux surnoms dont Thérèse les affublait régulièrement, elles ne semblaient pas s'émouvoir de cette appellation peu flatteuse.

— Nous étions en train de nous gausser au sujet de ce pauvre Bernard. Tu sais, le superman du deuxième gauche. Figure-toi que mes deux amies lui font une cour assidue, mais sans succès !

— Oh ! arrêtez, Thérèse, vous en rajoutez. Ce n'est pas parce que nous lui avons fait..., se défendit mollement Sarah.

— Oui, nous ne saurons jamais ce que vous avez fait subir à ce malheureux garçon qui a bien plus de muscles que de cerveau ! Mais vous avez, semble-t-il, abusé de son allure athlétique en mettant ce canapé monstrueux en travers de l'escalier !

— Pas en travers, Thérèse, en bascule sur les premières marches, prêt à dévaler et à s'enquiller sur sa porte ! pouffa Sophie.

— Et plus il le poussait pour le retenir, et plus Sarah qui avait glissé ses mains autour de sa taille pour l'aider le tripotait discrètement ! Et moi, je l'observais tirer et se trémousser pour la faire lâcher prise ! Quel spectacle !

— Et vous voilà passées de l'appellation de bourgeoises inactives à celle de nymphos hystériques ! s'exclama Thérèse.

Et c'était reparti de plus belle. Les deux « S » avaient replongé dans leurs divagations.

— Ne confondez pas, se défendit Sarah.

Elle prit un air faussement désapprobateur avant de poursuivre.

— Je ne suis pas comme toi, Sophie ! ajouta-t-elle à l'encontre de son amie. C'est par accident si je l'ai... voyons... enfin, vous comprenez quoi ! Je suis beaucoup trop coincée, comme vous dites, Thérèse, pour avoir agi de la sorte sciemment. Cette comédie a éclaté lorsque j'ai lu dans le regard concupiscent de Sophie que la place de mes mains était sans doute... peu appropriée... même si j'avoue ressentir une certaine attirance pour ce... Croyez-le bien, je n'aurais outrepassé ce qu'une éducation décente...

Sarah rougissait à vue d'œil et s'embrouillait dans ses explications. Elle ressemblait à une adolescente. Prise au piège de ses premiers émois. Son amie faisait de grands signes moqueurs dans son dos alors qu'elle bafouillait de honte.

La complicité des deux jeunes femmes était sans limites. Ces deux-là avaient eu une véritable révélation en se rencontrant. Connivence, envie. Folle jeunesse. Amours d'enfance. Secrets d'État. Elles partageaient tout avec cette impression étrange de se connaître depuis toujours. Elles s'interrogeaient sur ces histoires de vies antérieures, particulièrement lorsqu'elles prononçaient les mêmes mots, en même temps. Alors, elles se regardaient fixement. Plongeant dans l'âme de l'autre. Elles étaient différentes. Elles le savaient. Faites pour se rencontrer. Se compléter. Quelle attente ! Quel bonheur ! Enfin ! Leur quotidien, vaste opération de relations publiques autour de leurs puissants maris, prenait un sens. Une longue litanie de dîners ennuyeux et de rencontres stériles s'achevait. Le plus pénible des repas était dorénavant mémorisé, détaillé, disséqué, car le lendemain, il y avait ce café corsé et ce récit coloré qui donnaient un parfum complice à leur journée. Un coup de foudre réciproque. Ainsi qualifiaient-elles cette amitié qui s'était soudée envers et contre tous en quelques heures, alors que rien dans leur existence ne paraissait les réunir.

Le mari de Sarah, Élie Discan, avait fait fortune dans les nouvelles technologies. L'Eldorado. Un univers codé, peuplé de zombis plutôt jeunes et silencieux qui se cramponnaient à leurs ordinateurs comme à un respirateur artificiel. Des êtres sans besoin ni envie. Des clones vissés à un monde virtuel dont ils étaient les maîtres. Lui, le patron, n'était ni informaticien, ni passionné, ni un génie. Il avait flairé le bon coup. La faille dans le business. La planche pour surfer sur un système qui marchait à l'aveugle. Le moyen de se « blinder » en quelques mois, comme il aimait à le dire. Né de condition modeste, il était devenu millionnaire en quelques années. Il n'avait jamais douté de ses capacités à réussir. Sa vie était une vaste partie de poker. Il jonglait avec les chiffres et se cramponnait pour ne pas s'effondrer comme tant d'autres. Il savait que cela ne durerait pas longtemps. Il était à l'affût. Il aspirait l'air du temps, pompait les idées de ses employés. Écoutait d'une oreille distraite ces discussions étranges et codées au cours d'une pause et d'un café qui les sortaient de leur torpeur. Il transformait tout cela. Pragmatique. Malin. Jamais révolutionnaire, mais apportant une bouffée d'oxygène dans les affaires. Cela le rendait tendu, rapide et austère. Pénible en famille. Il gérait son monde comme une armée de combattants.

À part le mot « *Start-up* » et le nombre de zéros sur son compte en banque, Sarah n'en savait guère plus sur l'univers professionnel de son mari. Elle trouvait ces anglicismes terriblement ennuyeux. Élevée pour devenir une bonne épouse, elle estimait avoir rempli sa mission. Élie lui avait fait une cour assidue. Elle s'était laissé séduire par cette aisance qu'il affichait en toute situation. Elle avait conçu deux beaux enfants, mâle et femelle. Cuisinait à merveille et gérait avec élégance un intérieur assez surfait, mais qui arborait tous les signes de la réussite.

Sarah avait atterri dans cet immeuble cossu pur XVIIIe en attendant la réfection d'un loft extravagant. Elle avait acquis à prix d'or d'anciens chais qu'elle rénovait, convaincue d'avoir conclu l'affaire du siècle. Deux mille mètres carrés. Personne n'en voulait sauf pour le raser et y faire pousser une tour. Sarah avait immédiatement su que c'était pour elle. Ses appartements, sa salle de musique, de sport, ses dépendances, l'univers des enfants, son atelier, car un jour, elle en avait la certitude, elle serait une artiste… Tout cela avait semblé réalisable en franchissant les grandes portes en bois de ce bâtiment aveugle. Elle imaginait déjà les verrières, le patio intérieur, le béton ciré, les traverses de chemin de fer devenues tellement tendance, le plan de travail en zinc dans sa cuisine. Le meilleur de l'architecture contemporaine et des magazines de décoration. Elle avait immédiatement signé avec cet architecte bordelais en vogue que tous s'arrachaient du bassin d'Arcachon au cœur des Chartrons, points géographiques stratégiques de regroupement des Bordelais nouvellement enrichis ou héritiers. Cet homme de l'art s'était spécialisé dans la cabane de plage « première ligne », un package comprenant maison en bois, douches extérieures et piscine à débordement, accueillant volontiers quelques stars du petit écran deux mois par an. On évoquait son nom pour la rénovation des entrepôts géants de Bordeaux, vestiges du commerce négrier d'antan. Un ticket d'entrée dans le *top ten* des nouveaux riches. Un sésame pour des demandes d'interviews dans les revues déco que l'on accepterait du bout des lèvres parce que c'était amusant. Un passeport pour accéder aux collèges privés, seuls capables d'assurer l'avenir des enfants et pour lesquels il fallait aussi montrer patte blanche. Le *must*.

Non dépourvu d'un certain regard très sud-ouest chic, cet architecte avait surtout l'hallucinant toupet de travailler sans budget. « Nous n'allons pas commencer comme cela ou je vais rapidement perdre mon temps ! » lui avait-il rétorqué lorsqu'elle avait prononcé le mot « devis » d'une petite voix timide. Il l'avait toisée froidement. Cela l'avait clouée au sol. Elle s'était sentie prolétaire et soumise à la fois. Une étrange humiliation mêlée à un désir profond d'être adoubée par Marc Lhollandais. Elle n'avait pas insisté. Une admiration sans limites était née de cette joute verbale qui lui donnait l'illusion d'être devenue une élue. Cela avait produit un certain effet lorsqu'elle l'avait raconté timidement lors d'un dîner. Depuis, elle le disait à qui voulait l'entendre. Sauf à son mari, bien entendu, qui croyait encore en sa capacité de meneuse d'hommes. Pour en avoir manqué dans son enfance, il se rappelait la valeur de l'argent.

Depuis cette histoire d'entrepôt, la vie de Sarah était très agitée. Elle avait mis toute son énergie à accélérer ce chantier, espérant quitter cet immeuble qu'elle ne trouvait pas vraiment digne de son statut social, même au cœur de la « branchitude » artistique, comme elle aimait à le répéter. Ce quartier réunissait autour du musée d'art contemporain de nombreux galeristes. Un public parisien averti s'y rendait régulièrement. Les écoles de design et des beaux-arts avaient suivi cette installation près du Jardin public et il régnait dans la rue Ferrère une ambiance juvénile et potache, un brin échevelée. Sarah s'était attachée à cette jeunesse bobo équipée de vélos, iPad et cartons à dessins, qui semblait réinventer le monde et parfois même le porter. Elle adorait exhiber son adresse dans les dîners mondains.

Puis elle avait rencontré Sophie. Tout avait alors basculé. Elles vivaient comme deux sœurs, portes ouvertes, enfants circulant en va-et-vient permanents. Elles passaient leurs journées et leurs soirées ensemble.

Elles avaient renoncé, ainsi, à cette attente constante. La vie avait cessé de s'articuler autour des départs de l'un et des obligations de l'autre. Cela ne les intéressait plus ! Leur quotidien devenu léger et simple, elles s'adaptaient sans exigence. L'esprit toujours un peu ailleurs. Notant les consignes, organisant l'essentiel, oubliant l'ennui. Et finalement, cela ne manquait pas de charme.

Sophie avait déjà depuis quelques mois établi des distances avec l'emploi du temps de son mari « super vendeur d'avions de luxe », comme aimait à le claironner son fils de dix ans. Richard Delouette partait de plus en plus souvent en voyage. Rentrait tard. Sentait le vin et les grands restaurants. S'ennuyait en famille. Râlait. Pestait. Trouvait sa femme trop et son fils pas assez. Elle avait pris son mal en patience. Estimait que les affaires étaient difficiles. Qu'elle devait se réjouir de ne pas travailler. Puis elle était tombée sur un petit mot au fond de la poche d'un costume qu'elle portait au pressing. Un mot qui sentait la vanille bon marché et qu'elle avait relu sans vraiment savoir si c'était le sens du message ou l'énorme faute d'orthographe qui l'avait le plus choquée. Elle avait fait l'autruche. Essayait de ne pas y penser. Se disait que cela devait arriver à toutes les épouses un jour ou l'autre. Travaillait sur elle-même refusant de se laisser polluer par des images grotesques. S'entraînait au fameux lâcher-prise dont parlaient les magazines féminins. Jusqu'à cet appel téléphonique, à la maison, un dimanche. Une phrase prétentieuse et malhabile qui l'avait piquée à vif. « *Votre mari et moi, nous nous aimons et vous empêchez notre bonheur…* » Et toutes ces fadaises qui faisaient croire aux filles de vingt ans qu'elles savaient déjà tout sur le couple. Elle avait tendu le combiné à son mari, sans sourciller, mettant fin à un flot de paroles inutiles qu'elle n'avait décidément pas envie d'entendre.

— Ta petite amie n'avait pas l'intention d'attendre lundi pour te parler ! lui avait-elle lancé d'un air faussement détaché.

Il avait hésité avant de saisir le téléphone. Il était blême. Interdit. Pris dans les phares, comme un oiseau de nuit. Elle faisait la fière. La solide. La fille au-dessus de toute médiocrité. Puis elle avait craqué soudainement. Sans même le sentir venir. Comme un barrage. Alors, elle avait filé sur les quais pleurer tout son saoul. « Vingt ans que je me cogne un déménagement par an et de mauvais orgasmes pour finir par être virée par une secrétaire ! » s'exclamait-elle à haute voix sans se soucier de qui pouvait l'entendre. Elle s'était attablée à une petite terrasse, au soleil, sur le marché Colbert grouillant de monde et elle engloutissait une huître et un verre de vin blanc entre deux sanglots... Marmonnait. Se mouchait et recommençait. Ses voisins de table lui jetaient des coups d'œil inquiets, discrètement, comme on le faisait ici avec les gens perchés, les dérangés, les allumés. Puis, comprenant le contenu de ses paroles désordonnées, ils tournaient la tête définitivement, à leur tour mal à l'aise.

C'est là que Sarah l'avait repérée. Elle venait de faire « des emplettes » pour son dîner. Elle adorait ce mot. Cela lui donnait le sentiment d'avoir acheté d'excellents produits. Comme doivent le faire les gens de bonne condition pour montrer leur générosité. C'était presque l'assurance d'avoir réussi sa réception. Son mari lui collait encore douze personnes ce soir. Elle ne savait plus quoi inventer comme recette. Elle avait sous le bras le dernier livre de cuisine de Michel Guérard, qu'elle s'acharnait à exécuter depuis qu'elle avait passé un week-end à Eugénie-les-bains. Guérard, c'était le meilleur ! Même raté, le plat restait très convenable. De plus, arborer ce livre sur le coin de sa cuisinière, maintenant que les gens aimaient manger dans les souillardes, était très tendance.

Elle s'était discrètement assise face à sa voisine. Elle s'était servi un verre de vin blanc sans vraiment savoir si Sophie s'adressait à elle ou continuait son monologue.

— Quel salaud… mais quel salaud ! répétait-elle. Avec sa secrétaire. Mais que c'est minable ! Quelle honte quand même ! Une secrétaire… Vingt ans de galère pour me faire virer par la poule qui lui apporte le café tous les matins… Ah ! c'est sûr que c'est le bon plan de se taper le patron. Et puis, ça a pas les mômes à torcher, les courses à gérer et tout le sale boulot. Ça s'épile, ça va chez le coiffeur et ça fait la sieste le week-end… Saloperie ! Finalement, il devait pas tellement s'emmerder au Japon. Il revenait épuisé et me la jouait *jet lagué*… Enfoiré… Et nous, on attendait que le messie rentre à la maison pour bouger le petit doigt… Connard !

— Je sais, c'est sordide, chuchota Sarah. Moi, il s'est envoyé une stagiaire, il y a cinq ans alors que j'étais enceinte jusqu'aux dents. On venait d'arriver en France après trois ans aux US et je me payais une crise de larmes, des contractions et un carton de déménagement pendant que Monsieur retrouvait sa vigueur… Et cela, pendant trois semaines. J'ai fini par accoucher, tu penses !

— Mais comment t'as fait pour le supporter ensuite ? hoquetait Sophie, en tutoyant sa voisine comme si elle la connaissait depuis des années.

— J'me suis imaginée en train de gagner ma vie.

Secrétaire d'un gros lourd qui appuie son ventre bedonnant dans ton dos et te tripote les bretelles du soutien-gorge, avec des doigts rongés posés sur les épaules, en te dictant un courrier… et ça m'a suffi. Et puis il a juré. Il a juré qu'il ne recommencerait plus, alors…

— Alors, t'es revenue… disait-elle en chouinant.

— Je n'ai pas eu le courage de prendre mes enfants sous le bras et de me réfugier dans un deux-pièces. Je n'aurais même pas pu y ranger mes vêtements. Et puis plus de vacances, les week-ends seule, les mains qui s'usent à force de frotter et de gratter, les petits qui quittent leur école privée pour le lycée public pas plus coté que ça… J'ai vu défiler une vie à la Zola. Et pendant que je le faisais trembler avec tout ce que j'allais lui faire et lui prendre, il se roulait à mes pieds et implorait mon pardon. Je crois qu'il flippait vraiment. Ça m'a bien arrangée. Je l'ai puni de tu sais quoi pendant six mois ! Et puis un jour, c'est reparti avec une grosse bague et un week-end à Venise. Un diamant, ma chère, le *youkoun-koun* ! Je me suis même demandé s'il n'avait pas remis ça ! J'en ai conclu que c'était le prix à payer pour cette vie de princesse !

— J'pourrai pas. J'te jure. J'pourrai pas… répétait Sophie inlassablement.

Finalement, le blanc sec que Sophie ingurgitait avait rempli son rôle. Elle ne disait plus de grossièretés et pleurait plus doucement. Sarah l'avait aidée à remonter la rue. Elle tanguait dangereusement. Elle avait commencé à vomir entre les voitures et, apparemment, n'avait plus cessé pendant deux jours. Elle s'était enfermée dans sa chambre, laissant son mari gratter et geindre à sa porte toute la nuit.

« Quel minable, se répétait Sarah, au lieu de prendre sa valise et de rejoindre sa maîtresse dans son studio pour picorer et roucouler ! C'était bien ça, ce coup de jeune qu'il voulait s'accorder. Ce ras-le-bol de la vie conjugale. Ce mépris qu'il lui envoyait au visage, chaque matin, en regardant ses rides se dessiner au coin des yeux ! »

Sarah l'entendait gémir de l'autre côté du mur. Elle avait fini par mettre des boules Quiès. C'était pitoyable. Le mari trompeur dans son grand numéro de repentance. Ça lui rappelait le sien. Elle ne dormait plus. Elle avait attendu que tout se calme. Elle avait compté quelques jours encore pour ne pas paraître indécente, puis elle était venue voir sa voisine. Elles avaient bu un thé paisiblement.

— Alors ? avait demandé Sarah. Que va-t-il se passer entre vous ?

— Rien de plus, lui avait répondu Sophie avec un sourire en coin.

— Comment ça, rien de plus ?

— Eh bien ! après avoir longuement pleuré, je l'ai remercié ! Je l'ai rassuré en lui promettant que je ne le quitterai pas et que je m'occuperai de notre enfant ! Je ne m'imaginais pas faire cette peine à Max. Il a tellement besoin de certitudes à son âge. Mon fils est de cette génération fragile qui ne semble jamais se relever de quoi que ce soit. J'ai alors vu mon cher mari souffler. Tranquillisé pour l'intendance peut-être, me diras-tu ! Sans envie apparente de vivre avec sa poule, qu'il a par ailleurs juré de congédier. Je lui ai recommandé de ne pas se donner cette peine. Les hommes chassent toujours leurs égarements par des actes minables qu'ils imaginent héroïques. Puis je l'ai remercié de m'avoir libérée !

— Libérée ? avait répété bêtement Sarah.

— Oui, avait exulté Sophie. T'aurais vu sa tête ! J'ai pris le temps de faire le point sur cette vie bancale que j'avais depuis plus de quinze ans. Une existence finalement où tout n'était que renoncement. Des années écoulées à observer chacun de mes rêves partir en poussière. Ma carrière, mes loisirs, mes envies, mes intentions, ma volonté, mon autorité et même ma féminité. À trop dépendre d'un homme, on devient son envers, sa doublure, une excuse pour tout ce qui n'arrive jamais. J'ai perdu trop de temps. J'ai baissé les bras. Renoncé à tout en me disant que cela au moins servirait à mon fils. À en faire un adulte. Je me suis enterrée vivante. À trente-cinq ans. Eh bien ! tu vois, il m'a réveillée ! C'est décidé. Cette trahison, c'est le passeport de ma nouvelle vie. Je me sens libre d'aller et de venir. Libre de partir seule en week-end en lui laissant la charge de son fiston, sa fierté ! Libre de m'envoyer en l'air avec qui je veux. Libre, tu m'entends ? Il m'a rendu ma liberté. Nous nous étions juré fidélité. Aide. Assistance et toutes ces conneries. Il m'a libérée de cette promesse et de tout ce qui allait avec ! Je suis tellement libre d'ailleurs que je viens de passer la matinée avec mon prof d'abdos fessiers et… Dieu que c'était bon !

— Mais tu n'as pas… ? Tu n'es pas triste ?

— Triste de quoi ? De reprendre ma vie après quinze ans de tunnel, de vide, de silence ? Mais tu es folle ! Je ne me suis jamais sentie aussi bien. Bien sûr, il y a des jours où je me réveille avec la gueule de bois. Comme si j'avais mâchonné du remords toute la nuit, tu vois... Et puis je me rappelle ce que je me suis promis. Vivre. Vivre à en crever. Je me demande d'ailleurs s'il ne va pas me préférer émancipée ! s'était-elle exclamée en sirotant son thé avec un drôle d'air. On se fait à tout, pas vrai ?

Ainsi avait commencé la grande histoire des deux « S ». Une amitié scellée par la même tromperie. L'une avait choisi d'être librement enfermée et l'autre totalement libérée dans leurs belles cages dorées. Sarah allait sur son chantier. Sophie courait plusieurs « dossiers », comme elle appelait ses amants, et embellissait de jour en jour ! Le reste du temps, elles se racontaient leurs aventures sans pudeur et complotaient pour ne pas s'ennuyer.

Les maris avaient intuitivement détesté cette amitié et s'efforçaient d'éviter ces rencontres le week-end, sans illusion sur le déroulement de la semaine. N'osant briser ce lien dont ils se savaient involontairement le ciment. Les deux hommes se serraient la main par obligation, essayant de fuir cet inéluctable « apéro » que leurs femmes se proposaient d'organiser. Les enfants avaient pris ce qu'il y avait de bon dans la situation. Insomnies. Liberté. Impunité.

Clotilde avait évité les deux « S » instinctivement. Elle se réfugiait d'ailleurs chez elle dès qu'elle les entendait dévaler bruyamment l'escalier. Elle tremblait à l'idée de se retrouver sur la même marche, craignant quelques remarques humiliantes. La simple vision de leurs corps graciles et de leur allure ultraféminine lui donnait la nausée. Cette image flamboyante de l'élégance la renvoyait à ce piètre regard qu'elle portait sur elle-même. Elle souffrait de ses membres épais, de ce corps et de ce visage qu'elle jugeait sans forme ni attraits. Non, elle ne souffrait plus d'ailleurs. Elle savait.

Étonnamment, les deux amies étaient toujours aimables et chaleureuses lorsqu'elles croisaient Clotilde chez sa tante. Un peu comme avec une petite cousine. Un matin, alors que les trois jeunes femmes se retrouvaient au chevet de la « reine Thérèse », comme on l'appelait dans l'escalier, cette dernière s'adressa aux deux « S » :

— Dites-moi, les princesses, cela me ferait vraiment plaisir que vous jouiez le rôle de coach, comme on dit maintenant, avec ma pauvre Clotilde ! Il est temps pour toi, mon petit, de revenir à notre époque… C'est un vrai malheur d'avoir un pareil style. Tu t'es assez retirée du monde comme cela avec tes airs de vivre sur une autre planète. Ce n'est pas avec cette allure que tu obtiendras un boulot. J'attends de vous, les sirènes, que vous lui appreniez à être une fille ! Une jeune femme, plutôt. Vous voyez ce que je veux dire ?

— Euh… certainement, répondit Sarah qui recherchait toujours le ton le plus consensuel quel que soit son interlocuteur. Il est question de l'aider à trouver son style, n'est-ce pas ?

— Ouiii, ma poulette, il s'agit de transformer un machin en femme. Suis-je assez claire ?

Clotilde s'était tassée sur sa chaise. Comme si chaque mot lui donnait un coup supplémentaire sur le sommet du crâne. Quelque chose se déchirait en elle, douloureusement. Elle se demandait pourquoi sa tante l'agressait si brutalement.

Sophie avait totalement perdu le fil de la conversation. Elle restait les yeux écarquillés, fixés sur le mur derrière Thérèse. « Ça ne va pas être possible, se rabâchait-elle, ça ne va pas être possible, y'a vraiment trop de boulot. » Sarah continuait poliment à discourir sentant qu'il serait inutile de discuter et qu'elle ne pouvait pas reculer. Elle considérait Clotilde avec un regard triste et embué. Elle avait pitié de cette post-adolescente, se répétant que le ciel l'avait épargnée d'un tel laideron. Et le pire, pensait-elle, est que l'on pouvait être de beaux parents et avoir de vilains enfants. C'était une histoire d'ADN, comme ils disaient dans les émissions scientifiques. Elle était définitivement convaincue que certaines alliances n'étaient pas compatibles ! Elle se rappelait cette camarade de classe divine qui avait couru toute sa jeunesse au train d'Alexandre, cet adonis que toute la cour reluquait, espérant que son regard se poserait sur elle. Sportif et de bonne famille, il représentait le meilleur des partis. Il batifolait de fille en fille, laissant croire à chacune qu'elle serait la bonne. À force de refuser ses avances, la belle Cécilia avait fini par se faire épouser. De cette alliance étaient nées deux fillettes longues et brunes, mélange d'angles et de saillies. Des enfants ficelles aux visages hachés, bien loin de la beauté sauvage de leurs parents.

Pour sa part, elle avait eu cette conscience assez jeune des vilains assemblages et elle avait choisi un mari qui lui ressemblait. Physiquement. Même si le reste ne la faisait pas véritablement fantasmer. Elle croyait que cela lui donnerait au pire ce qu'elle était. Au mieux, ce qu'étaient ses enfants. Bien servis par la nature, ses petits ! Elle en avait été soulagée dès leur naissance. « Ça, c'est fait, s'était-elle dit quand le chirurgien qui l'avait césarisée lui avait posé ses poupons dans les bras, il faudra maintenant les éduquer, mais ils partent bien dans la vie. » Ainsi pensait Sarah dans son éternelle nécessité d'être rassurée. Sarah et son instinct maternel. Son besoin de couver ceux qui lui appartenaient. De réussir ce qu'elle entreprenait, tout en sachant qu'elle n'avait pas placé la barre si haut que cela.

Aider cette jeune fille, comme lui demandait Thérèse, représentait peut-être une chance pour elle d'effacer tous ces mauvais sentiments qu'elle avait ressentis en observant ces individus sans grâce. Une sorte de rédemption. De pardon. Tous ces êtres mis au monde par la volonté suprême, sans beauté ni charme, pourvus d'incompréhensibles disgrâces, comme pour alourdir leur passage sur terre ou les punir d'une vie antérieure. Comment faisaient-ils pour être heureux, intelligents, mariés, se reproduire ? Vivre tout simplement. Un véritable miracle. Presque une force divine. Elle savait qu'elle n'aurait pas pu. Qu'elle n'aurait pas l'énergie. Elle dévisageait quelquefois des passants en se demandant ce que ces pauvres hères avaient bien pu faire pour porter cette laideur au grand jour. Elle souffrait alors pour lui, pour elle, et remerciait le ciel pour tout ce qu'elle avait. Pour ses enfants parfaits. Elle croyait sincèrement que seuls les bons avaient droit à la grâce. Oui, elle allait aider cette malheureuse.

De son côté, Sophie avait failli partir en courant. Elle s'était rassérénée en se concentrant sur ce léger poinçon dans le mur où elle avait vu la semaine passée un crucifix suspendu. Elle en était certaine. Elle s'était évadée pour ne pas penser à la morphologie peu engageante de cette misérable. Elle s'imaginait la toucher, la sentir, et son cœur se soulevait à cette simple pensée. Sophie appartenait à un monde fermé dans lequel seules les belles personnes avaient droit de résidence. L'approche de la quarantaine la terrorisait et, à l'idée de vieillir, elle redoublait d'énergie pour travailler son corps parfois rétif. Depuis toujours, Sophie s'affamait pour ne pas prendre un gramme. Elle alternait les cures de soja, les monodiètes de raisin et les lavements pour sans cesse se purifier. Pas une journée ne se passait sans qu'elle pratique des heures d'exercices et des kilomètres de course à pied. Seule la douleur extrême la faisait regagner son appartement. Sophie se levait à cinq heures du matin pour courir et, quand « ses hommes » débarquaient dans la cuisine, elle était douchée, maquillée et habillée. Elle saisissait une carafe de jus de fruit frais avant qu'ils ne soient assis. Elle restait debout. Tournait autour de la table pour éplucher l'orange de son mari ou touiller le chocolat de son fils. Tous deux devaient manger équilibré et le moindre dépassement en calories chez l'un des membres de cette famille était exclu. Grossir était pour elle le symbole morbide de la déchéance. Du laisser-aller. Les premiers stigmates d'une mort annoncée. Après les avoir servis, Sophie se dévêtait au profit de sa tenue de gymnastique. Son calvaire était ainsi réparti sur toute une journée. Ses après-midi étaient occupées au shopping et à l'amour. Sophie faisait partie des femmes à qui l'on devait répéter perpétuellement qu'elles étaient belles et désirables. La jeunesse était comme une maladie qui lui mangeait le cœur. Les séances de « sport amoureux » remplissaient cette fonction. À l'évidence, son conjoint n'aurait jamais pu suivre le rythme effréné de ses désirs. Quoi qu'il arrive, Sophie devait faire l'amour et cet appétit grandissait au fil des jours. Bien et longtemps. Une sexualité habile et nucléaire. Un déchaînement physique qui pouvait mobiliser des muscles ignorés. Un exercice dans lequel elle avait su entraîner quelques bellâtres allant de son professeur de gymnastique aux maris d'amies qu'elle ne faisait qu'emprunter. Elle leur préférait parfois les boutiques de luxe où elle s'escrimait à tout essayer des dernières collections. L'essentiel était de s'admirer longuement dans les cabines d'essayage, laissant ostensiblement le rideau ouvert pour que l'on puisse l'entrevoir. Elle s'acharnait. Souffrait de cet acharnement. Programmait déjà une longue liste de séances de chirurgies esthétiques. Faisait le compte des années et le décompte des interventions à venir. En fin de journée, elle retrouvait son amie Sarah à qui elle racontait les délices des heures précédentes, chassant les pensées sombres au profit de récits romancés de ses aventures. Ainsi Sarah vivait-elle ses plus grandes émotions amoureuses par procuration.

— Je suis très prise, Thérèse, et vraiment cela me sera très difficile de m'organiser autrement, dit soudainement Sophie, la gorge serrée à l'idée d'un quelconque renoncement à ce quotidien si bien réglé. Certes, j'aurais réellement aimé vous satisfaire, mais…

— Je crois, ma belle amie, que vous trouverez ce temps précieux… Vous le trouverez ou bien…

— Je le ferai volontiers, ânonna Sophie, en la priant du regard de ne pas finir sa phrase.

Thérèse arborait un sourire épanoui. Elle venait de claquer les doigts pour que l'on serve la collation. Coloniale. Autoritaire. Clotilde aurait aimé fuir cette scène pathétique d'entente scellée autour d'un thé de Ceylan. Un objet. Encore. Voilà ce qu'elle était. Effrayée par les jours à venir. Par ce couple détonnant. Sa tante la regardait tendrement. Pour l'apaiser. Cela arrivait quelquefois. Par surprise. Elle la fixait et semblait lui dire que tout irait bien.

La jeune fille baissa la tête. D'aussi loin que remontait sa mémoire, elle avait ignoré ce corps malhabile, ses membres gourds et courts, cette masse informe que lui renvoyait le reflet des vitrines dans la rue. Elle n'avait qu'une vision relative de cet espace de chair qui l'habitait. Elle s'était interdit tout miroir et ne connaissait finalement vraiment bien que ses mains, ses bras et ses pieds ! Elle fuyait le reste consciencieusement. Elle en avait d'ailleurs conclu que, hormis l'expression légèrement dégoûtée de certains, on pouvait passer une vie entière uniquement concentré sur son esprit. Abstraction. Enveloppe virtuelle. Intemporelle. Ses rêves et ses lectures avaient pris toute la place. Et venait se rajouter à cela depuis quelques semaines cette nouvelle émotion, la tendresse qu'elle ressentait auprès des habitants de son immeuble.

Premier palier

Sarah descendait l'escalier prudemment, les bras chargés d'un « step » bleu fluorescent et de différentes combinaisons, sudisettes, gaines et autres crèmes amincissantes. Sophie la suivait, un serpent en ferraille étrangement enroulé autour de son corps. Elles avaient revêtu leurs justaucorps en coton et chaussé leurs ballerines *Repetto*. Pour le moral, avaient-elles décrété.

— Allez, Chouchou, c'est parti pour la B.A. du jour ! J'm'en jetterai presque un p'tit avant de sonner, pour me donner du courage ! Mais quelle galère… et tout cela pour plaire à la Vilaine !

— Dis donc, Sophie, arrête un peu de râler ! C'est pas plus difficile que de monter une vente de charité. Et puis, tu lui dois bien ça à notre mamie, hein ?

Les deux « S » avaient toqué violemment à la porte de Clotilde. Cette dernière les espionnait depuis qu'elles avaient commencé leur descente du troisième. Elle priait ardemment pour que cela ne soit pas son heure, mais savait les décisions de sa tante sans appel. Elle avait imaginé un instant sortir pour manquer cette rencontre. Elle n'avait nulle part où aller. Ses allers-retours dans la rue s'étaient cantonnés à l'école, au Jardin public et à l'épicerie fine qui venait d'ouvrir juste à côté. Elle n'avait pas d'excuses. Ses deux voisines s'impatientaient. Elles toquaient de nouveau.

— Heu… bonjour… marmonna Clotilde, entrebâillant la porte, regard plongé sur les lattes du parquet.

— Salut, jeune fille ! Tes bourreaux… pour te servir ! s'exclama Sophie en poussant le battant d'un coup sec.

— Bonjour, Clotilde. Ta tante nous a enrôlées à ton service ! Nous sommes ravies de cette mission ! ajouta Sarah pour rattraper le ton grinçant de son amie.

— Mais… vous ne devez pas faire tout ce qu'elle vous dit, se défendit la jeune femme. Elle a l'air autoritaire comme cela, mais…

— Taratata… On n'a pas le choix et nous avons quelques semaines pour te rendre féminine et sexy ! Voilà ! C'est ça, la consigne, et je n'ai pas compris que nous avions une réelle alternative. Crois-moi, je préfère demeurer sa locataire bien-aimée plutôt que sa voisine détestée. Elle sait devenir véritablement épouvantable. Allez ! Circule et va te mettre une tenue de gym parce que tu vois, y'a pas que nous qui devons bosser. Faut te la donner aussi ! Exécution !

Non contente de lui avoir intimé l'ordre d'avancer, Sophie suivit la jeune fille jusque dans son placard d'où elle sortit un pantalon étrangement difforme.

— On fera avec pour l'instant ! marmonna-t-elle, écœurée à l'idée de s'imposer le spectacle d'une telle guenille en mouvement. On croirait le survêt' d'une chanteuse de rap. Cela doit sans doute se porter dans les banlieues parisiennes. Pouah !

Elle se tourna vers Sarah en grimaçant de dégoût sans discrétion.

— Vous savez, bafouilla Clotilde, vous n'êtes vraiment

pas obligées… Vous avez tellement d'autres choses à faire…

— T'as raison ! Allez, coucouche par terre et passe tes épaules sous cette barre en métal. Tu te redresses, elle t'aide ! Plus tu forces et plus ça marche. Attention, je compte jusqu'à cinquante…

Ainsi commencèrent d'infinies séances de gymnastique qui vinrent dorénavant meubler les matinées esseulées de Clotilde. S'étendre sur le sol était un calvaire. Elle devait pour cela procéder en plusieurs étapes, dont la première était de s'asseoir sur le canapé pour se laisser glisser lourdement sur le tapis. Elle avait bien souvent des difficultés à comprendre les consignes, concentrée qu'elle était à essayer de trouver un équilibre dans des postures qu'elle n'avait jamais adoptées.

— Et un, et deux, et trois et on continue. Eh ! si tu veux manger aujourd'hui, c'est le moment de te remuer. Je n'ai pas que ça à faire moi. Allez, tu comptes en même temps… avec moi… et un et deux et trois… Ce matin, on travaille cette gelée que tu as sur le ventre. Dis donc, t'es pas gonflée quand même, tu n'as pas fait de gamins et tu oses avoir ce paquet mou… allez, bouge ton corps, et un et deux, plus vite que ça, rentre ta tête dans le menton et souffle… Ça fait mal ? C'est que ça fait du bien, alors… Tu mangeras un peu moins demain.

Sophie avait finalement trouvé dans cet exercice quotidien une forme inédite de plaisir qu'elle ignorait jusqu'alors. Parfois, elle s'allongeait à côté de la jeune fille et faisait les mêmes exercices pour lui montrer que l'élève était bien loin de dépasser le maître. En fait, cette nouvelle domination qu'elle commençait à maîtriser l'excitait plus que tout. Elle se délectait à commander, bousculer, abîmer. Elle effleurait du regard ce ventre distendu qui basculait de gauche à droite comme une outre pleine de liquide, ces jambes qui s'agitaient et ballotaient, ce tronc sans véritables seins ni hanches. Cela l'écœurait. Alors, au lieu de l'encourager, elle aimait à humilier Clotilde qui, chaque matin, laissait échapper de son corps des litres et des litres de sueur. Cette eau qui semblait jaillir de ses pores par flots augmentait son dégoût. Sophie avait toujours pratiqué la gymnastique en restant parfaitement coiffée, maquillée, poudrée. Pas une goutte de transpiration sur un visage arborant un sourire figé alors qu'elle, la pauvre, rougissait, suffoquait, suait… tout cela sortait d'elle comme une graisse de chagrin qui coulait sur le parquet.

Sarah observait la scène, médusée, avec parfois un petit picotement de plaisir qui venait lui caresser les cuisses. Désir ou sadisme naissant sous la peau ? Elle se défendait d'y penser. Frisson de fatigue sans doute. Quel spectacle ! Cette malheureuse souffrant, tremblant, et son amie, debout, dressée sur les pointes, faisant claquer dans les airs un fouet imaginaire. Comptant à une allure saccadée. Dominant la pièce de son rythme effréné. Cela jour après jour, heure après heure. Rien ne l'arrêtait, ni grimaces ni souffle court. Son regard restait tendu sur les cuisses de sumo de la jeune fille. Sur ces plis grossiers, ces bourrelets pendant lamentablement. Misérable laxisme. Déchéance. Elle ne cèderait que lorsque cette dernière commencerait à être taillée dans ce bloc informe. Chaque séquence la rapprochait de l'objectif qu'elle s'était fixé. Elle savait bien que Clotilde ne ferait jamais une taille trente-huit, mais au moins, elle se disait qu'elle pourrait finir par entrevoir une silhouette se dessiner dans la masse. Quelque chose qui épouse plus ou moins le squelette. Un être qui peut se relever sans suffoquer. Marcher sans entendre ses chairs qui frottent les unes contre les autres. Bouger sans eau et sans odeur. Pivoter sans que le corps entraîne tout avec lui. Elle se sentait artiste soudain, indispensable, sculpteur d'un nouveau destin.

Parfois, Sarah sonnait le gong, effrayée par le teint cireux de Clotilde.

— Cela ira pour aujourd'hui, criait-elle comme pour enrayer un moteur pris dans une folle cadence. Sophie, calme-toi !

Elle ne reconnaissait plus son amie et finissait par l'interrompre d'une voix aiguë déformée par la peur. Il fallait du temps à cette dernière pour entendre l'injonction. Elle était tellement loin. La violence des mots et des rythmes semblait la posséder. Tout entière. Et cette pauvre fille hypnotisée par les phrases qui claquaient dans l'air humide lui donnait la nausée. Et plus elle la voyait levant sa lourde carcasse, et plus elle avait envie de frapper cette chair flasque. Elle quittait parfois l'appartement en tremblant. Presque tirée par la manche par Sarah.

Clotilde restait alors allongée sur le sol. Inerte. Bien longtemps après que la porte se fut refermée. Le plafond lui renvoyait des images floues. Comme des ondes. Ses yeux étaient brouillés. Elle se concentrait sur ces mirages pour oublier ses muscles endoloris. Elle souffrait terriblement, partout et tout le temps. Parfois, un sourire finissait par filtrer sur ses lèvres devenues étrangement blanches. Elle avait mal, mais sentait enfin son corps.

Cette enveloppe terrestre qui jusqu'alors ne lui infligeait que souffrance lorsqu'elle se cognait à un coin de table ou se heurtait violemment le pied dans une porte. Cet habit de chair et d'os, dont elle était incapable de considérer le périmètre réel, était, pour la première fois de son existence, habité. Quelque chose circulait en elle. Cette peau toujours froide sur laquelle elle avait renoncé à promener ses mains vivait, bouillonnait presque. Douleur et chaleur couraient dorénavant dans ses veines. Elle devait attendre que des plaques rouge vif viennent remplacer le gris terreux de son visage et que son souffle redevienne enfin régulier pour envisager de reprendre une vie verticale. Il lui fallait parfois des heures pour se relever. Elle avait si mal que son esprit s'évadait. Cette âme vagabonde qui, pendant ces exercices, était par moments partie si loin peinait à revenir. Elle se réfugiait ailleurs. Dans une ruelle étrangère, dans l'espace sur un ciel de traîne, dans une poésie qu'elle répétait inlassablement pour ne plus entendre la voix de cette mégère à l'allure de sylphide hurlant comme une possédée « et un, et deux, et trois… ». Cette poupée mécanique, cette majorette désarticulée, Clotilde avait besoin de la détester pour avancer. Pour trouver l'énergie de continuer à s'agiter ainsi. Inutilement. Elle avait aussi puisé en elle cette force immense de la haïr. Pour la première fois de son existence, elle regardait une personne avec haine. Elle ressentait enfin l'irrépressible envie de lui sauter à la gorge et de l'étrangler. C'est à partir de ce sentiment unique et vertigineux qu'elle avait commencé à suer. Pas cette goutte puante qui avait l'habitude de ruisseler sur son front quand elle était terrorisée. Non. Pas ce poison répulsif, mais des flots de liquide qui s'écoulaient d'elle comme une délivrance. Des vagues qui envahissaient ses vêtements de gros coton, faisaient de larges auréoles, puis finissaient par véritablement couler entre les lattes disjointes du parquet. Laissant après cette séance quotidienne une empreinte qui ne partait que le soir venu. Une écume joyeuse et inodore qui balayait tout sur son passage et chassait à jamais ses pensées les plus viles. Clotilde travaillait avec jouissance ses fessiers et ses abdominaux qui avaient enfin pris quelques reliefs. Elle s'imaginait volontiers vidant les tripes de cette pauvre Sophie qui se dégonflait alors comme un ballon de baudruche, les traits de son visage maquillé déformés.

Quant à Sarah, la douce et servile observatrice de ces séances de torture organisée, elle lui réservait le rôle imaginaire de l'écuyère de porcelaine, virevoltant au-dessus du cheval fou et venant se fracasser sur le sol, ses yeux peints et immobiles pleurant des larmes de sang. Pourquoi ce mirage ? Elle ne le savait pas vraiment. Peut-être parce que tout ce cirque lui semblait une farce. Parce que la cavalière de verre ne maîtrisait rien. Vivait par procuration. Ou si peu. Automate. Femme fardée. Ciel pommelé. De courte durée.

Sans doute aussi parce qu'elle pensait que le corps n'était qu'une infime partie de l'être et que le reste comptait bien plus. Un physique harmonieux était la première carte. En son absence, il fallait s'inventer un autre jeu. Tout alors était à construire, à imaginer. Seuls les disgracieux en étaient conscients. Connaître cette lutte. Oublier cette enveloppe. La transcender. La dépasser. Atteindre la grâce. L'empreinte. L'allure. Le souffle de vie. Elle se rappelait alors les mots rageurs de Claudie. Comme une prière. Histoire de l'aider à y croire.

À porter son fardeau. À penser que cette agonie n'était pas un vain combat.

« Ils le croient tous que ça suffit d'être belle à crever. Ils nous bercent avec cela pour ne pas faire d'effort. Quoi de plus important que cette silhouette que les hommes reluquent ? Que les femmes jalousent ? Que tous aiment à tripoter, dessiner, téter, photographier ? T'es belle, poupée ! T'es sexy. T'es craquante ! Et puis un jour, t'es plus rien. T'es passée. Périmée ! T'es celle qui a dû être belle ! Ils appellent même cela « la plastique ». Une façon bien à eux de nous ramener dans un coffre à jouets. De nous nier. C'est ce qu'ils racontent dans les magazines sur papier glacé où des poupées se déguisent en machine à plaire. Parce que ça les fait vraiment trop flipper, le reste.

Le cœur. Ils font tout pour l'oublier. Celui qui bat plus vite quand il entend des mots tendres. Avec un peu de chance, tu les connais déjà, ces mots d'amour, parce que ta mère te les a murmurés dans le creux de l'oreille. C'était pas mon cas ! Elle n'avait pas le temps. Elle ne savait pas faire. Elle ne pouvait aimer qu'une personne à la fois et c'était mon père. Alors, avec un peu de bol, c'est ton premier amour qui te les écrit, ces mots doux. Tu espères que, plus tard, ils sauront te les susurrer. Mais après, avec l'âge, ils deviennent arides, les mecs. Secs comme une claque sur les fesses. Ils n'ont plus de mots. Ils pensent sûrement que cela va leur ôter leur virilité d'être tendres. C'est comme s'ils s'arrêtaient de parler de peur de ne plus bander. Je m'demande quand même toujours si les mères n'y sont pas pour quelque chose !

Enfin, il y a l'esprit ! Autant le percher sur des talons hauts pour le détacher du corps. Pour qu'il soit comme un oiseau sur la branche. Toujours prêt à basculer dans le vide. Un bel esprit les séduit les premiers jours, puis leur fait de l'ombre. Alors, un bon conseil, ma copine, tout ce que tu fais pour ton corps, fais-le pour toi. Pour que ta tête rejoigne le reste. C'est pour ça, ma Clo, que tu dois continuer à remuer ton derrière avec les deux toquées. Je ne veux pas te perdre. Tu es l'unique être vrai sur la terre ! »

Oui. Ce corps rétif et fatigué avant l'âge, Clotilde avait accepté de le laisser modeler. Pas pour elle. Non. Ni pour plaire ou séduire les hommes. Elle croyait ingénument que l'amour pouvait surgir dans la disgrâce. Sans vraiment d'ailleurs considérer que ce sentiment pouvait la concerner. Plus simplement, elle avait constaté, jour après jour chez ses voisins, que l'enveloppe physique qui la contenait pouvait éloigner ceux qu'elle avait commencé à aimer. Une aversion instantanée. Comme une brûlure. Un rejet qui détournait les visages, même bienveillants. Comme le regard fuyant du père de Léo qui partait le matin pour son jogging. Dans ses yeux, elle aurait désiré lire de l'amitié. Un signe d'affection. Pas plus. Elle n'en voulait pas plus.

Certes, il y avait les intelligents, les raffinés, comme la femme du bovin jogger qui pouvait sans jugement échanger quelques politesses ou idées. Ou sa tante qui était convaincue qu'un vilain caillou pouvait abriter une pierre précieuse. C'était là toute la sagesse de la vieille dame. Elle avait même su trouver qui serait capable de la tailler. Parce qu'il fallait avoir le cœur bien accroché pour voir la carpette suer tous les matins des litres d'eau. Rester impavide en attendant la magie de l'exercice physique qui vient sculpter dans la cuisse pour modeler le muscle et transformer une pièce de sanglier en une esquisse de jambe. Elle en avait rencontré des bourgeoises et des fauchées dans son immeuble dix-huitième. Mais là, elle avait vu juste. Elle avait compris sur quel bouton appuyer pour convertir Sophie et sa complice translucide en bourreaux. En guerrières qui allaient être capables de faire renaître la petite à la vie.

Elle le savait bien que cette enfant avait été gâchée par le temps, la solitude et la lâcheté de ses parents. Tristes personnes empêtrées dans leurs convenances et leurs besoins de reconnaissance, qui avaient entraîné leur fille dans ce gâchis. Cette minable existence où elle n'avait plus eu comme choix que de se gommer pour ne gêner personne. Elle s'était transformée en bloc. En monolithe. En tache. Comme on l'appelait dans le cercle familial. Une ombre large, épatée, informe. Avec un chapeau sur la tête pour mettre à l'abri ses pensées. Elle le savait, la tante. La vieille. La Thérèse. Il ne fallait pas la lui faire. C'est pour cela qu'elle était de si méchante humeur quand elle assistait à ces fêtes de famille qui s'éternisaient jusque tard dans la nuit. Elle observait la comédie humaine en marmonnant entre ses dents.

Il y avait toujours, dans ces dîners, le chien savant. La petite, avec un ruban en velours dans ses cheveux parfaitement coiffés, à qui l'on adressait des compliments, car elle savait monter sur les pattes arrière pour jouer une sonate au piano. Le sale gosse à la lame acérée dans l'œil bleu, capable de filer des coups bas sous la table au reste de la fratrie. Ce qu'il aimait le plus, c'était faire chialer les plus jeunes. Il cassait, brisait, commençait déjà bien mal. Et puis la bru. La seule que les parents n'avaient pas choisie, parce qu'elle venait d'ailleurs. D'une autre bourgade. D'un département lointain. La Dordogne. Et de la ville en plus. Plus loin que la distance que parcourait le tracteur, même avec toutes ces grandes propriétés qu'ils avaient dans la famille depuis des générations. Comme une prise de guerre, plus belle et plus racée que les filles du village. Elle était détestée de tous. C'était l'étrangère. Et puis elle n'était pas si solide. Ne savait pas rendre les coups et les persiflages. On ne lui avait pas appris cela dans son enfance, à la bru. Elle était paumée loin des siens. Elle n'avait même plus de parents. Elle était partie. Ils l'avaient oubliée. Elle les prenait en pleine tête, les remarques perfides. Comme des balles à blanc qui venaient l'écorcher. Du coup, elle se laissait patouiller par quelques mains baladeuses, la pauvre fille, quand enfin un type dans cette famille s'était intéressé à elle. C'est ce qu'elle croyait. Il commençait par être gentil. Puis il dépassait l'ourlet. Elle lui pardonnait. Pensait qu'il l'avait aimée. Mais voilà bien longtemps qu'il avait oublié le mot amour et qu'il dormait dos à dos avec sa femme. Alors, pour ne pas se dessécher, il se réfugiait sur les jeunettes abandonnées à leur triste sort. Pour rêver encore un peu. Et puis la bru, son mari, il n'en voulait plus. Elle disait qu'elle se sentait mal. Elle passait des heures enfermée dans sa chambre, dans le noir. Elle ne mangeait plus. Dans cette petite mort, elle n'aurait pas de bébé. Il ne pourrait le lui pardonner.

Au bout de la table, il y avait toujours les oncles et les tantes, bruyants et supérieurs, sentant bon les parfums luxueux versés avec abondance les jours de fête. Ils trinquaient et riaient de leurs plaisanteries grasses que les femmes faisaient semblant de trouver choquantes, des nuits entières, complices comme des frères, dans l'attente de l'héritage. Ils se battraient alors comme des chiens pour les terres du grand-père et la commode de la grand-mère. Pour l'instant, ils patientaient en silence.

Et puis, dans toutes ces familles de notables de la campagne, la sienne et les autres, il y avait cette petite, pas trop belle. Différente. Pas très normale, comme on le chuchotait dans la cuisine entre femmes en essuyant la vaisselle. Sur ce thème, les hommes étaient moins méchants. Ils ne critiquaient pas. Ils préféraient un décolleté plongeant à un long persiflage. Pour se racheter de ces mauvaises pensées, les mères s'adressaient gentiment aux parents. Les pauvres. On ne la voulait pas tellement à côté de soi pendant les repas de communion ou les mariages. Pas sur les photos non plus.

Clotilde l'avait compris. Dès le début. Alors, elle se taisait. La petite, c'est vrai qu'elle avait son air idiot et sa vue basse, mais elle les écrasait tellement par son intelligence, bien avant l'âge de raison, que cela leur avait causé des angoisses terribles. Ils s'étaient sentis ridicules la première fois qu'elle leur avait parlé de « mémoire de vie intra-utérine » et de « dons d'organes ». Ils en étaient restés babas. Ils avaient eu peur. Pensaient à une sorte d'esprit malin. Sans compter que le contraste avec leurs « morpions », comme on appelait les gosses, les rendait totalement crétins. Finalement, il était plus simple de croire qu'elle était un peu perchée et qu'elle ne savait pas ce qu'elle racontait. Qu'elle répétait bêtement des bouts de phrases qu'elle avait entendues dans les conversations des grands.

Elle avait vu tout cela se tricoter, la vieille tante. Comme un vilain napperon de dentelle, ouvrage complexe monté au crochet dont on espère ne jamais hériter. Elle avait longtemps discuté avec la petite quand elle se rendait dans la maison de famille. Elle aimait ses remarques aiguisées. Son esprit vagabond et poétique. Ses questions dérangeantes. Elles lisaient les mêmes livres et elles échangeaient ensuite avec passion.

Et puis Thérèse avait vu son frère s'écraser comme une galette devant son épouse, rapetisser, devenir ridicule. Sa femme, la Martha, avait honte lorsque sa fille s'exprimait. Peut-être parce qu'elle ne comprenait pas toujours ses interrogations. En tout cas, elle affirmait d'une voix cassante que c'était sale et déplacé. Battait la petite qui se rebellait. Clotilde avait besoin de parler pour ne pas imploser.

Toutes ces scènes l'avaient tellement meurtrie que Thérèse n'était plus venue. C'est d'ailleurs cette année-là qu'elle avait commencé à gonfler comme une montgolfière. Ça lui avait tourné les sangs. Elle y pensait tellement qu'elle avait fini par être triste en permanence et ce n'était pas sa nature profonde, la mélancolie. C'est vrai, elle avait baissé les bras. Elle n'avait plus l'énergie de se fâcher un peu plus avec tout le monde. Et puis elle avait compris, avec le temps, que cela ne servait à rien et que les gens ne changeaient jamais. Même pas un millimètre, une petite habitude. Rien. Alors, elle avait trouvé cette excuse. Pas si mauvaise que cela, d'ailleurs. Elle avait prétendu qu'elle était tellement gonflée qu'elle ne pouvait plus se déplacer. « Je suis si grosse, ma pauvre Martha, que je ne roule même plus », avait-elle écrit. Incapable de téléphoner. De les entendre. Ainsi avait-elle échappé aux réunions familiales. Tout le monde était soulagé. Elle avait tellement infligé de jugements cinglants aux uns et aux autres que cela en devenait gênant. Il faut dire que plus elle était en colère et plus elle était violente, Thérèse. Elle crachait des mots qui claquaient sur le visage comme des soufflets. D'ailleurs, les gens se tenaient les joues après qu'elle leur eut balancé ses quatre vérités. Elle prononçait des adjectifs qu'ils n'avaient jamais entendus. Ça leur faisait plus mal encore qu'elle ait gardé ces mots pour eux. Ils l'avaient vite oubliée, la vieille tante. Et avec elle, la petite qui avait cet air étrange. Tout rentrait dans l'ordre. C'était primordial l'ordre à la campagne. On aimait bien quand chacun était à sa place.

Tous ces souvenirs lui étaient revenus, à Thérèse, quand elle avait vu entrer Sophie avec les fiches de salaire de son mari vendeur d'avions de luxe ! Cette pauvre fille, qui se dressait comme une comtesse, quémandait un appartement en location. Peu de biens, ni tellement les moyens de ses allures mondaines. Cela lui avait rappelé sa belle-sœur. Cette écœurante bourgeoise à la démarche compassée qui lui jouait la grande scène du cinq ! La rudesse du cœur et la sécheresse de l'âme lui viendraient avec l'âge. Elle le savait. Avec son petit tailleur en lainage rose. Ses dîners. Ses mensonges. Sa cruauté naissante. Pauvre Thérèse qui avait enterré tout cela pour ne plus y penser ! Pour oublier la petite au regard désespéré quand elle avait bouclé ses valises pour quitter Bordeaux. Tout était remonté. Comme un hameçon dans son cœur de vieille dame.

Cette Sophie était venue pour louer le huit-pièces et jardin privatif du rez-de-chaussée et était repartie avec le cinq-pièces du troisième. Elle espérait des poutres et des moulures et s'était contentée d'une cheminée en marbre qui ne fonctionnait plus. Cela suffirait certainement à son bonheur et à ses quelques dîners mondains. Elle prétendrait que c'était en attendant mieux.

La Vilaine avait vraiment eu envie de l'envoyer promener avec ses grands airs. Elle n'avait pas besoin de locataires. Elle était pleine aux as ! Par contre, elle désirait de la vie autour d'elle. Alors, elle choisissait les protagonistes de ce scénario qu'elle s'inventait au quotidien. Sélectionnait les meilleurs. Les caricatures. Les intrigantes. Les seconds rôles.

Elle était convaincue que cette Sophie ferait bien le pendant de la mijaurée juive du troisième. Que cela allait la stimuler un peu. Faire renaître du mouvement dans l'escalier. Elle avait malgré tout eu un doute. Cette fêlure dans leur entretien préalable. Car au fil des questions, la rouquine et flamboyante Sophie avait eu l'air troublé. Quoi ? Une fragilité au cœur de toutes ces certitudes ! Ah non ! Cela ne rentrait pas dans le scénario. Même si cette hésitation sous-entendait une tentative de réflexion… Assurément, elle l'espérait solide comme du béton. Et puis plus tard, elle lui avait parlé de cette passion qu'elle nourrissait pour la culture physique et de cette salle de sport qu'elle avait trouvé tout à côté. « Ce serait tellement pratique », avait-elle ajouté en soupirant. À cet instant, Thérèse s'était dit « banco ! » Une prof de gym, ça peut servir ! Et puis elle ne pensera qu'à son nombril ! Un véritable passeport pour la sérénité.

Quelques mois après, elle crut défaillir quand la belle plante subit son chagrin d'amour avec son minable petit mari volage. Si vite après l'emménagement. Un incident fâcheux ! Elle avait craint qu'elle ne se laisse aller. Qu'elle se complaise à larmoyer. Thérèse ne supporterait pas cette faiblesse de la part de sa rousse vertigineuse. Sa « Longoria ». Comme l'héroïne de cette série américaine mettant en scène ces femmes d'intérieur désenchantées. Finalement, cette situation avait donné du piment à ses récits. Avec cette tromperie de bas étage, les confidences de sa locataire avaient dépassé toutes ses attentes. De cette énergie dépensée à la conquête de son corps, Sophie avait ripé dans la séduction sans limites de la gent masculine. Thérèse attendait impatiemment chaque soir la chronique de ses exploits du jour. Comme au confessionnal, Sophie s'arrêtait en rentrant au premier et racontait ses ébats comme une liste de courses. Elle ne ménageait d'ailleurs pas sa peine et ne négligeait aucun détail. Elle avait l'inconséquence de ces femmes qui confessent leurs péchés sans la moindre décence ou intimité. De fellation en dégustation, de pénétration en traction-extension, elle se libérait d'une même et seule histoire qu'elle posait en vrac sur la table de nuit de Thérèse, comme un paquet informe dans lequel la vieille dame triait ses anecdotes et écrivait le journal de son immeuble. Ce qui l'enchantait particulièrement chez la jeune femme était ce talent qu'elle avait à séduire les hommes sans leur parler. Thérèse appartenait à une génération où l'on contait fleurette. Sophie ne comptait que ses abdos fessiers. Elle piégeait sans mot dire. Levait sans broncher. Quittait sans revoir. Baisait sans espoir. Tout cela dépassait largement les autres femmes. Sauf Claudie sans doute, dont les accouplements pouvaient parfois sembler similaires. Une simple question d'apparence. Aucune confusion possible en réalité.

Claudie représentait pour Thérèse la fille qu'elle n'avait jamais eue. Certes, si tel avait été le cas, elle aurait peut-être affiché une allure différente. Des bottes moins clinquantes, des jupes moins courtes, des tee-shirts plus longs ou moins décolletés… Certainement un peu plus ou un peu moins de tout. Même si cette petite pointe de vulgarité contribuait à son charme. Une originalité qui cachait une imagination colorée, un esprit curieux et vagabond. Claudie se camouflait sous des airs de bimbo. Elle préférait une main aux fesses à un discours trompeur. C'était finalement moins insultant, prétendait-elle en fabriquant de larges bulles avec son chewing-gum. Les hommes la draguaient donc avec lourdeur. Sans même connaître son prénom, ils s'imaginaient déjà lui grimper dessus. Ou dessous. Non, plutôt dessus d'ailleurs. Voir derrière. Ils assumaient rarement leur tentation pour la vulgarité. Préféraient nier leurs pulsions les plus folles. Fermaient les yeux. Ne reproduiraient jamais cela avec leurs femmes. Là, c'était différent. Certains s'incrustaient parfois quelques mois dans sa vie, sans la comprendre. Ce qu'ils attendaient, c'était la « grosse artillerie ». L'interdit. L'inespéré. Rouge à lèvres, vinyle, talons hauts, lingerie affriolante, désir serré entre les dents. Ce qu'elle arborait volontiers. Elle avait quelquefois la tentation de se laisser sombrer. De livrer ses états d'âme, ses déceptions, ses espérances. Elle prenait dans ces moments-là une voix plus grave, plus posée, et affichait un regard sombre et égaré. Ils ouvraient alors des yeux ronds. Incrédules. Lui proposaient un dîner au restaurant pour se changer les idées, en lui caressant la joue. La cuisse, ce serait pour plus tard. Quelques cadeaux futiles à plaquer sur son corps en lui tapotant le dos d'un geste maladroit. Elle restait silencieuse. Une larme coulait sur ses pommettes fardées. Ils se sentaient tout tristes. Une poupée malheureuse. Comme ça. D'un coup. Ils n'y comprenaient plus rien. Ne s'interrogeaient jamais sur ce qu'ils avaient pu faire ou ne pas faire. Elle réclamait un câlin. Si elle poussait encore un peu le mélo les jours suivants, ils se disaient qu'elle était dépressive et qu'il allait falloir s'en débarrasser avant qu'elle ne balance tout à leur femme. Claudie était une fille à hommes mariés. Les célibataires avaient la trouille. Ils en rêvaient mais pas plus. Hors de question de présenter un tel engin à leur mère. Les maris volages, stimulés par leurs frustrations, passaient le pas. La médiocrité d'une trop longue vie conjugale leur mettait l'écume aux lèvres. C'est pour cette raison d'ailleurs qu'elle ne voulait pas les embrasser. Elle sentait vite cette infidélité lâche qui pointait. Elle tournait la tête. La lâcheté, comme la paresse, elle détestait. Elle se remémorait ses parents. Ils n'avaient même pas eu la force de lui trouver un prénom bien à elle. Ils attendaient un fils, Claude. Ils avaient eu une fille, Claude. Voilà l'histoire. Un vrai début de conte de fées ! Ils avaient tellement d'autres choses à faire dans la vie. Ils étaient artistes de variété, comme ils disaient. Un enfant s'inscrivait dans un quotidien. Ils refusaient les obligations, les corvées. Cet enfant serait pesant. Elle avait compris très vite. Ne se sentait pas toujours dans la même histoire qu'eux. Elle était certaine qu'ils l'oubliaient parfois. Pas par méchanceté. Ni par bêtise. Une absence. Rien de grave. Comme les gosses qu'on laisse l'été dans la voiture en plein soleil, un jour où la liste de courses devient plus essentielle que ceux qui les dévorent.

Elle avait débarqué de leur tournée en France un matin où le gérant du night-club avait voulu la faire danser nue pour l'ouverture du rideau. Elle n'avait que quinze ans. Savait déjà que cela était bien trop tôt. Ses parents n'avaient rien compris. Ils n'avaient pas protesté. Il faut dire qu'ils en avaient vu tellement que tout leur paraissait normal dans un univers où les paillettes ne brillent que la nuit. Ils avaient dansé dans tous les cabarets de province. Des lieux sordides et poussiéreux. Des costumes ratés, des escarpins usés, des loges crasseuses. Avec des cars de vieux que l'on déversait pour la soirée et qui gesticulaient étrangement au premier rang. Certains semblaient partis dans un autre monde au fin fond de la salle. Ses parents montaient toujours sur scène pour le final. Parce qu'ils étaient inoubliables avec leurs corps presque nus, enduits de peinture dorée, qui s'emmêlaient gracieusement, séparés par l'étoffe fragile d'un ruban autour duquel ils s'enroulaient. Ils ondulaient, soupiraient, glissaient à perdre haleine. Le public, médusé devant ce spectacle, le souffle court, priait pour que la corde à laquelle ils étaient suspendus ne cède pas. Le silence immense encombrait le soir. Ils étaient si beaux. Deux anges.

Ils s'étaient connus au Conservatoire de danse. Deux espoirs de la scène française. Une ascension douloureuse, entamée dès le plus jeune âge. Des sacrifices. Des espérances. Des pères en colère et les mères qui refusent de ne pas y croire. Leurs enfants étaient exceptionnels, elles l'avaient su dès le début. Des années de pointes blessées et de corps estourbis. De crédits en série pour payer les pensions, les chaussons, les cours particuliers. Hélas pour leur carrière, ils s'étaient aimés. Tout leur être succombait à la langueur. Le temps s'était arrêté. Les rêves effacés. Quant aux ballerines, elles intriguaient. Ils étaient distraits. Isolés. Disqualifiés. Pauvres et débutants. Innocents. Trop faibles pour devenir des étoiles.

La vie gâchée de danseurs au rabais, cela n'intéressait personne. Pourtant, ils gardèrent les pieds déformés et le cœur blessé. Sentaient qu'ils s'en sortiraient. Usés par la barre et les pointes. Ils ne savaient faire que cela, danser. Ils avaient pris la route. À l'aventure. Ils étaient si doués qu'ils trouvaient toujours. Passaient de casinos en cabarets. Oubliant le temps. Ne voyant que la scène et les regards enflammés du premier rang. Ils avaient conçu Claude par oubli. Par légèreté. Elle portait le prénom d'un danseur célèbre. Elle suivait la tournée. Parfois même, elle étudiait.

Thérèse avait compris toute l'histoire quand elle avait franchi le seuil de son appartement, avec arrogance, sans fiche de paye, ni job ni caution. Juste de l'aplomb. Elle s'en moquait, la vieille, de tous ces papiers administratifs et de ces formalités. Elle s'était laissé convaincre en se disant que cette petite méritait d'être aidée. Tout simplement. Elle avait aimé ce regard bleu profond qui coulait sous un mascara gluant. Ces cheveux fins et soyeux qui auraient tiré profit d'un peu moins d'expériences et de mauvais produits décolorants. Ce charme slave croulant sous une masse d'accessoires désuets. Elle avait fondu devant ce visage triste. Thérèse était fascinée par la beauté. Née sans attraits, elle admirait la grâce, le charme physique, comme d'autres appréciaient la peinture. Elle avait grandi sans envie, sinon le plaisir de se voir entourée d'harmonie. Elle ne choisissait que des êtres gracieux pour l'accompagner. Elle recherchait la délicatesse des traits, sans pour autant se flageller de ne pas faire tourner les têtes. Elle avait pouvoir et argent. Cela suffisait à exaucer ses désirs. Elle ne se regardait jamais. Ne s'intéressait pas à ce qu'elle était ou n'était pas. Sans colère ni dépit. Juste un oubli décidé et assumé. Elle se contentait de puiser le beau chez des êtres qu'elle choisissait. Elle avait rempli son immeuble pour être à l'abri de l'ennui. Ses appartements étaient loués avec minutie. Elle faisait confiance au destin qui plaçait sur son chemin les acteurs de cette vie qu'elle animait. Elle régnait en maîtresse femme dans sa belle demeure à étages, tenant chaque locataire dans une main qu'elle aimait à fermer parfois d'un coup sec.

Première sortie

Comme tous les matins, Clotilde avait accompagné Léo à l'école. C'était dorénavant un rituel autorisé. Cela l'aidait à sortir de l'immeuble. Le petit avait fini par cracher à son père qu'il préférait partager sa matinée avec sa « Tide ». Que maman était d'accord. Il avait pris son temps pour formuler tout ça. Il avait coincé tétine et doudou sous le bras pour mettre ses poings sur ses hanches, comme faisait papa. Il avait bien « affleuchi ». C'était « Tide » qui l'accompagnerait ou il n'irait plus à l'école. Il avait remis sa tétine en place, tranquillement, puis s'était assis sur son doudou sur la septième marche de l'escalier. Bernard n'avait pas bronché. Il s'était isolé pour appeler son épouse au journal. Après trois barrages de standardistes, il avait abandonné. Il téléphonait d'ailleurs de moins en moins, las de se présenter à l'accueil comme le mari qui courait après sa femme-chef. Cela semblait réjouir la secrétaire de répéter tous les jours : « C'est de la part de qui ? » en faisant traîner le « i », comme pour lui signifier : « tu le sais qu'elle est très priiiiiiise ». Il avait cessé. Dépité.

Il déposait depuis son cadet devant chez Clotilde. Tapait du pied dans la porte. Un coup sec et discret qui voulait dire qu'il ne pouvait pas attendre. Puis il poussait gentiment son petit, sans accorder un regard à celle qui allait s'en charger, le corps glissant déjà vers la marche suivante. Clotilde avait renoncé à comprendre. Son cœur battait la chamade quand elle serrait Léo dans ses bras. Elle démêlait ses cheveux soyeux d'une main et secouait de l'autre le biberon qu'il avait refusé de prendre en famille. Il la regardait au fond des yeux. Esquissait un sourire tendre. Lui caressait machinalement le poignet en buvant goulûment. Elle était certaine que c'était ça l'amour. Ces yeux-là. Du coup, elle avait peur de tout. Que tout s'arrête. Qu'il déménage. Que le père se rebelle. Que la mère soit jalouse. Que l'école se plaigne de cet épouvantail qui conduisait le petit Léo. Ou les frères et sœurs peut-être. Alors, elle pratiquait avec ardeur des exercices de respiration pour calmer les battements de son cœur. Se jetait sur un livre. Sur son lit. Ses macarons aux couleurs acidulées qu'elle aimait faire fondre sous le palais. L'un après l'autre. Compulsivement. Jusqu'à l'ivresse. Puis elle prenait une douche. Se rongeait les sangs. Se disait qu'elle devait trouver un boulot pour penser à autre chose qu'à Léo. À Thérèse. À Claudie. À cet immeuble. Ses marches. Ses habitants. Elle devait sortir. Se faire violence. Aller respirer. Il y avait ce Jardin public à côté. Elle devait s'y rendre. Oser traverser la rue.

Elle se décida, fatiguée de discuter avec elle-même.

Elle regarda à gauche, à droite. Voitures, tram, bicyclettes passaient de tous côtés. C'était toujours pareil quand elle restait enfermée chez elle pendant des jours. Elle avait l'impression de sortir de sa bulle. Son antre. Le bruit l'agressait. Sa tête se mettait à tourner. Elle cherchait son pas. Se balançait d'une hanche à l'autre.

Il y avait au loin les grilles vertes du Jardin public, élégantes avec des chapeaux en or brillant sur le sommet des pointes. Un portail impossible à escalader avec ses flèches taillées comme des arbalètes. Et puis de belles et grandes photos accrochées aux barreaux, étranges paysages et danseurs dans la brume. Un peu floues. Qui captivaient le regard. Elle aimait la photographie. L'art en général. Elle longeait l'allée, essayant de disparaître. Pardessus noir et chapeau de feutre enfoncé sur les oreilles. Un chemin piétonnier sinuait autour de cet immense parc, poumon vert de la ville. En guise de remparts, des immeubles cossus pour héritiers se dressaient, offrant une vue plongeante sur les arbres et les bassins aux canards. Certains cultivaient des espaces privés ouverts sur le Jardin. Elle aurait aimé se glisser derrière les fenêtres. Observer ces gens qui pouvaient admirer de si près les cimes tendues vers le ciel. Comprendre leurs différences avec le reste du monde. Elle se disait que pour vivre dans un tel écrin, ils devaient être bons. Meilleurs que les autres. Sans doute plus heureux. L'architecture XVIIIe n'autorisait pas cette curiosité déplacée. Elle mettait à l'abri du regard les intérieurs bourgeois. Le beau s'accrochait à la pierre. Les visages n'apparaissaient jamais. À quoi bon admirer ce qui est toujours là ?

Elle longea l'île aux enfants. Un arpent de terre entre deux bras d'eau parsemés de nénuphars dans lesquels se poursuivaient des canards et de gros poissons rouges. Tout ici était romantique. Les bancs de bois rond, les sculptures de bronze éparses dans un jardin ombragé, le vieux carrousel dont les chevaux montaient et descendaient au rythme des cris des plus jeunes. Plus loin, en longeant les grilles, il y avait ce café anglais dans lequel elle s'était bien juré de s'arrêter un jour. Logée dans un corps de bâtiment ancien, l'Orangerie alternait les chaises en fer « jardin du Luxembourg » et des transats aux couleurs vives. Des gens chics, parlant des langues étrangères, s'y lovaient.

Ainsi, comme les canards faisaient leurs ronds dans l'eau, Clotilde dégustait sa promenade matinale en observant les joggers pressés, les clochards endormis ou les jeunes, fatigués, qui finissaient leur nuit blanche en rêvant sur un banc.

C'est là qu'elle reconnut Sophie, la tête entre les mains. Tout criait, dans son attitude, qu'elle était différente des autres jours. C'est ce qui poussa Clotilde à venir s'asseoir à ses côtés. Comme à son habitude, dans ses moments de grand désespoir, Sophie parlait toute seule et racontait ses déboires à qui voulait l'entendre. Aux pigeons donc.

— Il m'a dit que j'étais la dernière personne avec qui il coucherait sur terre ! Que je ne valais rien ! Que le vide intersidéral… c'est ce qu'il a dit… ce mot-là… intersidéral… de mon être le dégoûtait, mâchonnait Sophie. Que j'étais une mante religieuse ! Que je n'avais rien de féminin, pas même mon allure qui, malgré beaucoup d'efforts, me faisait définitivement ressembler à un humanoïde. Que je devrais sérieusement me pencher sur ma façon d'être, car aucun homme ne pouvait supporter mon comportement ouvertement « pornographique ». Tu imagines ce mot. C'est comme s'il passait son temps à reluquer ma vie intime. Porno. Mais c'est immonde ! Voilà ce que m'a balancé en pleine figure ce type qui, du soir au matin, ne pense qu'à travailler ses biceps et ses abdos.

— Mais de qui parlez-vous ? lui demanda Clotilde à voix basse.

— De Bernard ! Ce niaiseux de Bernard, notre voisin, après qui je cours depuis des semaines et qui m'a donné ce rendez-vous au parc pour m'asséner toutes ces horreurs ! Personne ne m'a jamais fait un tel affront. Je le pensais conquis lorsqu'il m'a dit qu'il voulait me rencontrer en tête à tête. Il paraissait être sorti de son cosmos quand il m'a arrêtée dans l'escalier pour m'inviter. Un air presque tendre… Il m'a pris gentiment dans les bras et là, alors que je fondais comme une guimauve, il m'a assommée de ses obscénités ! Il m'a parlé de harcèlement, m'assurant que si je ne cessais de me comporter ainsi, il allait raconter mes frasques à qui de droit ! Je suis tellement humiliée, vraiment…

— Vous savez, Sophie, Bernard vous trouve certainement très attirante, comme tous les hommes, mais il est amoureux de sa femme depuis qu'il a douze ans. Vous comprenez ? Ils se sont connus sur les bancs de l'école et cet amour d'enfance ne s'est jamais tari. Aussi, il ne peut accepter vos avances. Sincèrement. Ce serait trahir tout son passé. Toutes ses croyances.

— Mais pourquoi ce rendez-vous, cette humiliation, alors ?

— Peut-être parce qu'il a besoin de le crier à quelqu'un, ce sentiment puissant, et en quelque sorte, c'est à vous qu'il l'a hurlé… Cela n'est en rien contre vous. Je crois vraiment que c'est entre elle et lui qu'il faut des mots… Vous n'y êtes pour rien. Et puis, vous êtes très belle. Vous ne l'ignorez pas. Vous ne pouvez pas en douter.

— Je sais aussi qu'il dit vrai. Ce vide inter… machin, c'est vrai. Je suis inhabitée. Totalement vidée. Comme un poisson auquel on retourne les viscères. Il a raison. Je ne pensais pas que cela se voyait. C'est horrible. Et d'ailleurs, tu m'écoutes là, mais je suis certaine que tu me hais, toi aussi. Cette façon que tu as de ne pas me regarder le matin pendant ton cours de gymnastique, c'est terrible. Je rentre chez moi et j'ai l'impression d'avoir torturé une innocente. Tu crois que je ne ressens rien, pas vrai ? Que je suis une machine…

— Je vous déteste seulement une heure par jour… pour y arriver. Pour oublier que c'est si difficile. Le reste du temps, je vous trouve vraiment courageuse et pleine d'énergie.

Sophie reniflait encore un peu, mais un demi-sourire venait de se dessiner sur son visage ravagé par les larmes.

— Tu crois qu'il va tout déballer à mon mari ?

— Je pense que Bernard n'est pas très doué pour s'exprimer en général et qu'il en restera là…

— Comment sais-tu tout cela ?

— C'est ma tante qui m'a raconté tout ça…

— Non, pas l'histoire de l'amour d'enfance… mais ta manière de réconforter les gens, de les écouter ? Moi, à ta place, je détesterais la terre entière, j'en suis certaine… Oh ! pardon… bredouilla Sophie. Enfin, tu vois quand même ce que je veux dire ?

— Si je me mets à haïr tout le monde, je n'ai plus rien. Et quand vous m'apprenez à bouger, c'est bien pour que je m'aime un peu, non ?

Les deux voisines avaient abandonné leur banc et marchaient tranquillement pour rejoindre leur immeuble. Au 7 de la rue Ferrère. Au bout de quelques mètres, Sophie entoura naturellement le bras de Clotilde. Presque avec douceur.

La septième marche

Clotilde avait tout raconté à sa tante. Comme tout un chacun dans l'immeuble, elle venait s'épancher chaque jour auprès d'elle. Cela faisait pourtant plusieurs semaines qu'elle avait fui le chevet de Thérèse. Elle était furieuse de ces exercices forcés infligés par la Vilaine. Elle l'avait vraiment détestée. Et puis cette façon de la brader comme un paquet. Elle avait finalement pensé que c'était pour son bien et que, sans cette brutalité, elle n'aurait jamais avancé. Thérèse l'avait compris. Même si sa santé ne la dérangeait pas vraiment, à part ces affreuses piqûres dans le dos pour la soulager, la vieille dame n'ignorait pas que cette pauvre enfant hériterait de la même destinée de baderne alitée si elle n'agissait pas rapidement. Il était rare que tout cela s'arrange avec l'âge !

— Ça y est, tu ne boudes plus ! avait-elle fanfaronné alors que la jeune fille entrait dans la pièce. Tu es ma première visiteuse de la journée !

— Il faut dire, ma tante, que je n'ai pas pu monter les marches pendant plusieurs jours !

— Oui, c'est toujours comme cela dès qu'on commence à avoir des muscles. On a l'impression qu'ils poussent à vue d'œil ! Mais je crois me souvenir que ça finit par passer !

Elle éclata d'un rire tonitruant et ajouta :

— Moi, ce sont les bras de mes deux brancardiers que je fais souffrir lorsqu'ils me trimbalent dans l'escalier. Mais entre nous quand même, ça manque franchement de charme de se laisser ballotter comme un quartier de viande sur un torchon blanc. Si encore j'étais dans un lit à porteur, mais ils sont totalement dépourvus d'imagination, ces ambulanciers…

Clotilde était stupéfaite par la lucidité cinglante de la vieille dame concernant son propre état et par cette acceptation tranquille de son statut de handicapée. Tout cela, c'était des sornettes, prétendait-elle. Et au moins pouvait-elle se flatter d'avoir à sa botte le plus beau garçon du coin : son médecin !

— Mais de qui parlez-vous, ma tante ? Qui est Bernard ? Bernard Brousset, notre voisin ?

— Oui, il est encore en deuil et sa colère ne tombe pas. Cela me rend triste, car j'aime beaucoup Élisabeth et je trouve qu'elle va de plus en plus mal.

— Élisabeth… Vous connaissez la maman de Léo ?

— Oh ! que oui… je l'ai tenue dans mes bras quand elle avait l'âge de son fils. Sa mère était une amie de la famille. C'est comme cela qu'ils sont venus vivre dans mon immeuble. Si j'avais su…

— Su quoi, ma tante ? Clotilde sentait son sang s'échauffer. On parlait là de la tribu de son Léo.

— Eh bien ! elle a eu un accident ici. Un matin, au moment d'aller à l'école, elle a cherché Léo partout. Il avait disparu. Elle était affolée. Tu sais, ce gamin est toujours en balade. Il ne peut rester en place. Elle était inquiète et il y avait les deux autres morpions qui trépignaient pour ne pas être en retard. Bernard était parti tôt. Il travaillait dans le vignoble à cette époque. Il s'occupait d'une propriété et il se mettait en route dès l'aube pour le Médoc. Elle était enceinte de sept mois et paraissait complètement épuisée. Elle s'est précipitée dans l'escalier à sa recherche et là... – la voix de Thérèse venait de se casser – elle est tombée. Elle a roulé jusqu'en bas. Elle est restée sans connaissance. Sur la septième marche, juste au niveau du petit palier. Inconsciente. Évidemment, elle a perdu le bébé. Léo était caché dans ma chambre. Comme nous ne verrouillons pas les portes de nos appartements pour laisser circuler enfants et parents, je n'avais pas imaginé qu'il était chez moi. On a entendu les cris en même temps. C'est lui le premier qui est descendu au rez-de-chaussée. Il berçait sa maman, le pauvre. Moi, je ne pouvais pas bouger. Il a fallu du temps pour que les secours arrivent. Il pleurait en silence. Comme un homme. Et tout ce sang. Partout. Sur lui. C'était terrible.

De longues larmes glissaient sur les joues de Clotilde. Elle aurait aimé tenir son petit Léo. Là. Un instant. Le réconforter. Lui dire qu'il n'y pouvait rien. Que c'était la vie. Qu'elle était souvent cruelle.

— Bernard n'est plus le même depuis. Il était chaleureux, sympathique. Un homme de la terre. Convivial et attentif. C'est comme s'il en voulait à tout le monde. Il a cessé de parler à sa femme et à son fils. On aurait dit qu'il ne le voyait plus d'ailleurs, le petit. Il n'a pas supporté. Il a eu trop peur. Trop mal. Il s'est mis à lever de la fonte. Pour se fabriquer une cuirasse. Des muscles à travers lesquels rien ne passe. Pour être comme un roc. Et puis soulever des poids, ça occupe le cerveau. Élisabeth s'est remise debout et elle a foncé au boulot. Elle n'a plus fait que cela. Travailler et monter en grade. Et plus elle bosse, moins elle est à la maison… et je crois que ça l'arrange bien. C'est bizarre, une famille. Eux, ils étaient une vraie planète et ils sont comme un système solaire. Chacun vit pour soi maintenant. Mais ils sont tellement silencieux, désormais, que c'est toujours inquiétant. Finalement, s'il a engueulé cette pauvre Sophie, c'est qu'il est encore en vie et c'est peut-être rassurant… Elle a trouvé le moyen de le débusquer de son terrier. C'est un bon point pour elle. Évidemment, il ne faut pas qu'elle nous en fasse une déprime. Je ne lui veux pas de mal, à cette enfant.

— La septième marche…, répétait Clotilde qui avait décroché de la conversation. Mais c'est là qu'il est toujours assis ! C'est là qu'il l'attend quand il n'est pas chez moi ! Comme pour arrêter le temps. Pour réécrire l'histoire. Et puis toutes ces heures qu'il passe dans les escaliers ou avec d'autres familles, c'est comme un chaton qui a perdu sa mère… C'est terrible ce que vous me racontez. Il faut faire quelque chose, ma tante… ou tout cela va mal finir.

— Oui, c'est certain, ma p'tite fille. On rigole moins qu'avant, ici ! J'ignore si c'est le monde qui devient triste ou mes héros qui se fatiguent, mais tout cela tourne en rond et me rend sentimentale en plus. Ce qui n'est pas bon pour mon moral. Je ne dois pas avoir mal au cœur. Tu le sais, ma Clotilde. Il va falloir que tu t'en mêles un peu…

— Moi ? interrogea-t-elle d'une voix inquiète. Je n'ai déjà pas la moindre idée de ce que je dois faire de moi-même, ma tante, alors des autres, cela me dépasse un peu.

— C'est en t'occupant d'eux que tu apprendras

à mettre un pied devant l'autre. À grandir. À être sur le chemin et pas à côté. Et je te rappelle que tu dois travailler.

— Oui, ma tante. J'ai commencé à sortir de la maison. C'est l'étape suivante, le travail ! J'ai vraiment du mal à imaginer qui voudra de moi pour autre chose que des ménages et je souhaiterais ne plus en faire, ou cela me collera à la peau.

— Je pense que tu peux apporter bien plus aux gens que des détergents ! Il y a tout ce que tu as enfermé en toi à donner et, crois-moi, cela devrait pouvoir réchauffer le quartier pendant quelques années ! Et, au fait, pas de sport ce matin ? On se relâche ?

— Non, je file d'ailleurs à mon rendez-vous avec les deux « S » !

— Tu as l'air guilleret pour quelqu'un qui part faire des abdos fessiers avec des crotales, non ?

— Eh oui ! Aujourd'hui, c'est spécial, paraît-il. La semaine dernière, j'en aurais tremblé de peur, mais là, je ne sais pas, j'ai perçu quelque chose de doux dans leur regard quand elles m'ont dit de les retrouver à onze heures au Jardin public. Vous voyez, avec Sophie, les relations se sont réchauffées. Elle fait de son mieux, je pense, pour m'aider. Du coup, Sarah suit le mouvement et elle préfère cette ambiance pacifique. Ce n'est pas son genre, l'agressivité… Et puis j'adore cet endroit. J'y apprends à respirer. Je m'y sens à ma place.

La pelouse

Clotilde les avait retrouvées sur un banc en train de papoter. Elles se ressemblaient comme deux sœurs. La brune en jogging rose et accessoires assortis, la rousse en tenue identique, violette. Elles étaient assises les jambes croisées dans le même sens et se parlaient, visages inclinés, laissant se balancer la mèche d'une coupe au carré parfaitement lissée. Elles se levèrent d'un bond dès qu'elles virent arriver leur voisine qui essaya alors de dégager la tête de son cou et de se tenir bien droite. « Tu dois respirer en marchant, lever le menton, redresser tes épaules, rentrer le ventre et serrer les fesses ». C'est ce que lui répétait Sophie quotidiennement, mais elle ne parvenait pas à coordonner l'ensemble. Quand elle respirait, elle s'étouffait et sentait ses fesses tomber, et lorsqu'elle bloquait sa respiration, elle réussissait à rentrer le ventre, mais devenait rouge jusqu'à la racine des cheveux. Alors, elle se concentrait et essayait d'avoir l'air détendu, ce qui lui donnait un regard de labrador. Même cela sembla passer inaperçu ce jour-là.

— Nous avons un cadeau pour toi, claironna Sophie qui n'y tenait plus.

— Pour moi ? Clotilde, stupéfaite, écarquilla les yeux. Cela faisait des années que cela ne lui était pas arrivé.

— Un cadeau, répéta-t-elle comme si elle ne reconnaissait pas le mot.

— Eh oui ! crièrent-elles, trépignant de joie comme deux gamines le jour de la fête des Pères !

L'une faisait de grands gestes pour meubler l'espace et l'autre avait disparu derrière un bosquet. Elle en ressortit en traînant un énorme paquet.

— Allez, vite, ouvre-le... Tiens, voilà Claudie qui arrive, elle va nous aider.

Clotilde, troublée, reconnut avec soulagement son amie. Elle se demandait ce qu'elle devait faire dans ces cas-là : déchiqueter l'emballage, remercier poliment, embrasser ses voisines, pleurer, rire ou partir en courant ? Et ce doute dessinait sur son visage un rictus qui tordait sa bouche jusqu'aux oreilles.

— Détends-toi, Poulette, la rassura Claudie en plantant une bise qui claqua sur sa joue rebondie et rouge de confusion. Si je suis là, tu sais bien que ça va aller. Hein ? Tu prends le gros paquet entre tes bras et tu le déchires d'un coup sec. Alors les filles, ça boume ? Beau boulot !

Elle avait fait une bulle de son Malabar à la fraise, avait plongé ses mains au fond des poches et les regardait sous sa frange avec une expression d'ado butée.

Clotilde bataillait fermement avec le carton. Elle finit par le faire céder d'un coup, laissant apparaître un superbe et rutilant vélo hollandais noir et chrome. Elle resta plantée là, silencieuse, les larmes aux yeux devant ce merveilleux cadeau.

— Ça te plaît ? interrogèrent les trois complices en même temps.

— C'est vraiment… vraiment… vraiment trop…

— Mais non, s'écria Claudie, tu le mérites. Cela nous fait super plaisir de te l'offrir. Ta tante nous a donné un coup de main, car nous sommes certaines que cela sera bien plus agréable d'aller nous balader à vélo plutôt que de continuer à faire fondre ton parquet. Hein ? T'en penses quoi, Poulette ?

— Je… c'est-à-dire que… c'est que… je suis terriblement touchée par cette attention, mais il y a un léger, très léger ennui : je ne sais pas en faire ! murmura-t-elle dans un souffle. Mais je suis très, très heureuse, soyez-en sûres. Cela me fait réellement plaisir.

— Ah !

Trois soupirs. Sophie regardait ses baskets neuves, Sarah sa montre. Claudie éclata de rire !

— Ouais, t'as raison. C'est le genre de truc que l'on apprend à faire avec ses parents quand on est gamin. Comme ça, on se fait moins mal aux genoux, hein ? Mais pour ça, il faut en avoir, des parents… Et toi, t'en as pas vraiment eu… Alors, le vélo, tu sais pas en faire, évidemment. Bon ! Ben, on va t'entraîner. Pas vrai, les filles ? dit-elle en leur appliquant une bonne claque dans le dos. Allez, t'enfourche ce truc, t'attrape les poignées et tu tends les bras devant toi. Je plaisante. Bon, je parle, je parle, mais là, c'est parti !

Clotilde avait bien compris qu'elle ne pourrait pas y échapper. Elle ne pouvait pas leur faire ça. Elle crevait de trouille à l'idée de grimper sur cet engin. Elle essayait de lever la jambe. Elle tremblait. Et puis elle ne savait pas par où commencer. Enjamber par la droite ? La gauche ? Elle se balançait d'un pied sur l'autre comme pour montrer sa bonne volonté. Alors, Sophie attrapa le vélo et coinça la roue avant entre ses cuisses en tenant le guidon fermement. Elle lui demanda de ne pas la quitter des yeux. Comme pour les abdos. « Tu me regardes, tu serres les dents et tu t'arrêtes pas avant que j'aie fini de compter » était le message.

Claudie lui prêta son épaule pour qu'elle ait un équilibre pour enjamber l'engin. Une fois ce dernier enfourché, non sans mal et sans grâce, Sarah régla la selle. Elle était maintenant debout, les jambes écartées et les pieds sur les pointes. Peu rassurée. Déjà sa vue se troublait. Une goutte de sueur perlait sur son front. Sophie se chargea de l'apprentissage. Elle avait cette force de conviction qui hypnotisait les autres. Elle avait repris son air impénétrable et ses phrases saccadées, ne laissant aucune chance à Clotilde de répliquer ou de se défiler.

— À droite, tu as le frein arrière et à gauche, le frein avant. Si t'es trop sèche avec ta main gauche, tu vas bloquer ta roue et passer par-dessus le guidon. T'as compris ? Les freins, c'est pas ta bouée. Tu t'y cramponnes pas ! Tu places ton pied droit sur la pédale la plus haute et tu pousses, puis tu mets le gauche sur l'autre dès que le vélo commencera à se déplacer. C'est vu ? On te tient. O.K. ? Tu ne paniques pas, on est là ! Tu es prête ?

Clotilde tremblait de plus en plus, mais savait qu'elle ne sortirait pas du parc à pied. Elle se cramponnait au guidon désespérément. Elle ne pensait qu'à ses mains. Elle avait oublié le bas de son corps. Elle restait accrochée aux poignées, les jambes écartées, ne se souciant plus du pédalier. Les trois filles poussaient et tiraient comme elles pouvaient pour essayer de maintenir en équilibre plus de cent kilos de femme et de vélo.

— Allez, Poulette, pose ton pied sur la pédale. On n'en peut plus là de faire du sur-place. C'est pas un manège, Chouchou ! hurlait Claudie.

— Bon sang, criait Sophie, tu vas te réveiller avant que je fasse un infarctus ? Heyyyyyy… Ouais, c'est ça… L'autre pied maintenant… allez… c'est pas mal. On recommence, t'arrête pas, t'as raison, c'est bien, continue…

Après une heure de portage, de tirage, de cris et d'encouragements, Clotilde n'avait toujours pas quitté le sol. Les trois filles étaient éreintées, les mains sur les hanches, la tête à l'envers pour reprendre leur souffle. C'est le moment que Clotilde choisit pour enfoncer ses fesses sur la selle et poser ses pieds sur les pédales. Tout cela sans élégance, mais avec une efficacité notable. Le vélo fit quelques demi-cercles puis afficha une certaine stabilité. Cinq mètres, puis cinquante, quand vint se profiler une légère descente qui glissait vers l'étang où batifolaient les canards, peu distraits par tout ce ramdam. La bicyclette suivit la pente et chuta avec lourdeur sur une pelouse plutôt épaisse. Le bruit fut métallique et lugubre. Clotilde resta là, couchée sous l'engin, sans bouger.

— Ça va ? s'époumonaient les trois filles. Eh ! tu t'es cassé quelque chose ? Oh, réponds, merde ! C'est pas vrai, j'y crois pas…

Claudie piqua la première un sprint hors d'haleine pour constater les dégâts. Elle s'approcha de son amie qui gardait le visage enfoncé dans l'herbe.

— Eh ! copine, ça va ? Réponds, bon sang ! Mais…

Clotilde s'était retournée. Elle était secouée par un

énorme fou rire qui lui bloquait la respiration. Elle saignait du nez, hilare. Claudie s'écroula à ses côtés.

— Tu nous as foutu une trouille ! Non, mais toi, franchement…

Puis elle se mit à rire comme une baleine. Les deux autres s'esclaffèrent.

Au final, deux genoux couronnés et un pantalon déchiré. Un gros bleu sur la cuisse, le visage légèrement tuméfié, mais une réelle envie de retenter l'aventure. Clotilde était déchaînée. Elle recommençait et recommençait encore. Elle zigzaguait. Mettait le pied à terre. Écoutait les conseils de ses trois coaches et repartait. Un pied, deux pieds. À la fin de la journée, elle passait les vitesses. Les trois sirènes étaient parties depuis bien longtemps et elle continuait à faire de grands cercles dans le parc. Puis elle avait pris son courage à deux mains et s'était dirigée vers les belles pistes cyclables des quais. C'était un jour de semaine. Il n'y avait personne, à part quelques garçons de café qui alignaient des chaises longues. Elle était seule au monde. Le vent soulevait ses cheveux, fouettait ses joues. Elle fermait les yeux parfois pour mieux sentir l'odeur d'iode et de boue qui remontait du fleuve. Elle jetait un coup d'œil rapide sur les immeubles à étages en pierre blonde qui épousaient la courbe de la Gironde. Elle n'osait pas s'attarder. Elle avait peur de tomber si elle tournait la tête. Elle glissait en apesanteur, comme sur un nuage. Libre et heureuse. C'était ça, heureuse. Elle savait maintenant.

Elle finit par rentrer chez elle. Elle s'effondra sur le canapé tout habillée. Elle regarda quelques instants la rosace de travers au plafond. Elle s'endormit simplement. Un sourire flottait sur son visage.

L'annonce

Elle l'avait lue dans le « Sud-Ouest », comme on l'appelait ici. L'annonce.

Élisabeth lui avait déposé le journal en rentrant tard le soir sur le paillasson pour ne pas la réveiller. Elle l'avait tout de suite repéré, le petit encart : « Recherche vendeuse junior pour gérer la librairie du CAPC, musée d'art contemporain de Bordeaux. Entrepôt Lainé. 6, rue Ferrère à Bordeaux. » Elle adorait les petites annonces. Elle les lisait tous les jours du début à la fin. De la page voitures d'occasion à la rubrique nécrologique. Et ce qu'elle aimait surtout, c'est quand les auteurs y mettaient des photos de leur jeunesse. C'étaient, la plupart du temps, des clichés surannés où les gens n'étaient pas forcément à leur avantage, mais les petits mots doux laissés par leurs proches étaient pleins d'amour, que ce soit pour souhaiter de joyeux anniversaires – et là, le garçon de vingt ans se découvrait à trois mois, couché sur une peau de bête – ou pour rappeler que dix ans après, on pensait toujours à ce fils qui s'était tué sur la route, un samedi soir. Il avait un visage d'enfant sage. Impensable de l'imaginer broyé dans une voiture. Finalement, le journal était une sorte de prière commune qui lui donnait l'impression qu'elle appartenait à une famille dont elle prenait des nouvelles.

Et puis certains noms lui plaisaient. Elle les prononçait en chuchotant et aimait leur mélodie.

Elle parcourait aussi les offres d'emploi. Lisait dans le détail les qualités requises. Jamais rien pour elle. Elle n'y arriverait pas. Elle n'allait pas vendre des appareils industriels ou des engins de levage. Cette annonce de vendeuse dans la librairie d'un musée était tout à coup inespérée. Un rêve. Et dans sa rue en plus !

Elle avait attendu toute la journée que Claudie rentre à la maison. Elle faisait les cent pas dans son appartement. Dès qu'elle avait entendu ses talons qui foulaient l'entrée, elle s'était précipitée sur le seuil et lui avait flanqué le journal sous le nez.

— Eh ! du calme, Poulette… C'est quoi ce torchon que tu me colles sous le pif ? Laisse-moi respirer quand même !

— Il faut que tu m'aides, je n'y arriverai jamais sans toi.

— Mais que je t'aide à quoi ?

— À passer cet entretien. Ils cherchent quelqu'un pour la boutique d'en face. Au CAPC.

— T'as pas trouvé un autre enterrement de première classe que d'aller t'enfermer toute la journée dans ce bâtiment noir ? On dirait une cathédrale. Ça me fait froid dans le dos rien que d'y penser. Pour être vendeuse, t'as quand même des enseignes un peu plus glam que ça, tu ne crois pas ? Et puis moi, j'y connais rien aux intellos, tu le sais bien. La dernière fois que je suis rentrée dans cet endroit avec un mec qui se la jouait « j'ai d'la culture », j'ai vu que des tas de patates jonchant le sol, des vitres cassées qui sortaient d'une bagnole avec des néons partout et des cotons pourris avec de l'eau verdâtre autour… berk ! « L'œuvre en marche », qu'elle disait la greluche avec son micro. J'y comprenais rien à son baratin.

— L'Arte Povera !

— Quoi ? Arte quoi ? Et ce connard de vieux qui se la pétait avec un ramassis d'autres vieux. Ils étaient tous collés au buffet comme s'ils n'avaient pas mangé depuis des lustres. Ils racontaient leurs conneries et s'empiffraient de toasts mous. À cet âge-là, tu crois qu'ils sont bien élevés et raffinés… Penses-tu ! Il m'a mis la main dans la culotte, comme pour montrer à ses relations bien nées qu'il plaisait encore. C'était une inauguration select. Tu vois le genre. Et pendant que je me faisais gratouiller par l'autre, Monsieur le maire est passé et m'a lancé un drôle de regard, comme pour me dire de ne pas me laisser faire. Que je valais mieux que ça. J'me suis sentie minable.

— Faut pas, ma Claudie… T'es une fille bien, tu le sais…

— Ouais, bon, c'est du passé. Mais dans le cas présent, ben, comment veux-tu que je t'aide, ma belle ? J'y pige rien, moi. Encore, si c'était pour bosser chez H&M, je connais toutes les vendeuses, mais là… J'en connais pas une de vendeuse. Et d'ailleurs, ils vendent quoi, dans ta cathédrale ?

— Des ouvrages pour approfondir ses connaissances après une visite, des catalogues d'expositions, des livres d'artistes pour faire des cadeaux originaux, tu vois ?

— Et ?

— Et je n'ai que ce chapeau et ce jean minable et… et même si j'ai un certain savoir dans le domaine, personne ne voudra de moi avec cette allure inachevée… et…

— Ah ! cool ! Ça, je m'y connais. Mais mon boulot prendra fin devant la porte géante de ton truc oppressant. J'y mets pas les pieds. Je me le suis bien juré. O.K. ?

Claudie avait pris sa nouvelle mission très au sérieux. Rien ne pouvait l'arrêter. Les longues bousculades en ville au cœur de la cohue. Elles s'étaient rendues rue Sainte-Catherine. Claudie prétendait que l'on pouvait tout trouver là-bas, que c'était la caverne d'Ali Baba. Elles avaient essayé de pénétrer l'artère piétonne, mais la foule était compacte à perte de vue. Des milliers de personnes lancées dans un mouvement d'automates : celles qui descendaient la rue à gauche et celles qui remontaient à droite. Si elles se déportaient légèrement, alors c'était comme un tourbillon et elles se retrouvaient heurtées par les uns, bousculées par les autres. Une véritable broyeuse. Des groupes d'ados caquetaient et marchaient d'un bon pas en balançant des mégots de cigarette qui venaient voltiger entre les gens. Pas de vieux, peu de famille, pas de poussette. Un magma de jeunes aux pantalons étroits, à la mèche sur l'œil et au blouson en cuir fin enfilé sur une veste en jean qui moulaient le corps et découvraient le nombril. De temps en temps, des mères et filles agacées. De part et d'autre, des amoncellements de vêtements. On ne savait pas par où commencer. Du made in China par tonnes. Des vagues de chemises à carreaux, de faux gilets en peau et de tee-shirts colorés. Des couleurs fluo qui agressaient. Partout. Tête baissée, Claudie entrait dans les boutiques d'un pas décidé. Une foule dense s'écartait vaguement. Son allure élancée, associée à douze centimètres de talons, et cette façon très personnelle de planter son regard dans les yeux bovins qui se trouvaient sur son passage creusaient en général un sillage dans lequel Clotilde se faufilait. Elle tripotait, dépendait les cintres, soupesait, tirait sur les cols. Elle finissait toujours par extirper une trouvaille de cet amas insondable. Elle appelait une vendeuse au genre incertain qui vociférait avec arrogance :

— Je vais voir en réserve si j'ai des grandes tailles !

Clotilde était impavide, cachée derrière son amie. Ailleurs. Cela faisait bien longtemps qu'elle avait dépassé le stade de la nausée à force d'être bousculée de toutes parts. Des petits coups qui déséquilibraient. Pas des chocs violents, des contacts permanents avec des inconnus qui suivaient tous avec entêtement leurs propres recherches. Insupportable. Elle aurait voulu disparaître. Claudie, échevelée, les joues rouges, continuait sa quête. Elle constatait avec stupeur que dans un monde où on ne parlait que d'obésité, il n'y avait aucune tenue qui allait au-delà de la taille 42. Et si toutefois elle trouvait une grande robe tunique, un peu montgolfière, que Clotilde enfilait avec peine, l'ensemble se révélait mal taillé et sans doublure, remontant à mi-cuisse et se collant en vrillant sur le reste du corps. Un vrai désastre. Et cette voix de mégère qui vociférait derrière le rideau :

— Ça va, M'dame ? Vous avez essayé ? Ça déboîte, hein, comme coupe… Je peux rentrer ?

Clotilde se débattait tout en tâchant de respirer pour enlever le bout de chiffon sans le déchirer. Tremblant à l'idée que l'on puisse la regarder. Claudie, qui s'énervait, montait le ton :

— Non, ça ne va pas. Ça m'plaît pas.

— Ah ! c'est bizarre, répondait la vendeuse. On l'a super bien vendu. Ça marche très fort. On en a même recommandé la s'maine dernière. Mais j'aurais p'têt' plus grand dans la prochaine livraison... J'peux vous débarrasser ? Son bras avait déjà fait une incursion comme un aiguillon dans la cabine jonchée de vêtements, s'impatientant à l'idée de devoir remettre toutes ces pièces sur cintre. Puis il disparaissait et le reste de la vendeuse marmonnait entre les rayons, tentant d'échapper à cette grosse fille flanquée de sa copine hystérique.

Claudie, à qui tout morceau de chiffon ou de cuir *made in monde* ou haute couture de luxe offert par un amoureux transi allait à la perfection, constatait avec stupeur que rien de ce qui se faisait rue Sainte-Catherine, et même au-delà, dans le « Triangle », comme on nommait les trois artères chics du cœur de ville, ne conviendrait à son amie. Elles étaient dans une société uniforme où toutes les fesses et toutes les cuisses devaient entrer dans le même jean. Avec ou sans bourrelets, il fallait enfiler une taille basse et laisser dépasser les chairs après avoir coincé la fermeture à glissière sous le ventre ou renoncer au pantalon. Cette tenue s'accordait la plupart du temps avec un tee-shirt trop court qui complétait cette forme inédite d'exhibition des rondeurs féminines.

Elles avaient fini cette après-midi trépidante en attendant quarante minutes devant le Mac Donald, dans une longue file indienne qui débordait dans la rue, pour prendre un verre puisque toutes les terrasses de la ville étaient assaillies. Les nouveaux chauffages à oiseaux y faisaient fureur. On pouvait boire un café sans grelotter de froid sous ces parasols chauffants, même sous une pluie diluvienne. Cet effet de serre personnel avait redonné l'envie aux fumeurs de s'installer à l'extérieur. L'intérieur des bars s'était totalement vidé depuis qu'on ne pouvait plus y fumer. Elles seraient bien rentrées pour s'isoler de ce bain de foule, mais toutes les chaises étaient alignées sur les trottoirs.

Claudie, heureusement, ne renonçait jamais si facilement. Elle s'était donc arrêtée dans un bureau de tabac-presse et, tout en savourant une Marlboro rouge et en mastiquant son chewing-gum préféré, elle avait acheté tous les catalogues de vente par correspondance de la saison. Ainsi se préparait-elle à une soirée tisane, allongée sur le lit, à feuilleter ces trésors de la consommation à distance. « Et là, affirmait-elle, on va trouver ton bonheur ! »

Cela avait rempli tout un dimanche. Elles feuilletaient. Rêvaient. Cornaient les pages. Sélectionnaient des tenues qui se vendaient, certes plus cher, mais jusqu'à la taille 52. Et il y avait même un chapitre femme enceinte au cas où elles ne trouveraient pas leur bonheur.

— Tu vois, ça, c'est pour toi, j'adore. C'est structurant et un peu chinois. Ce bleu sombre au moins, c'est pas comme tout le monde et puis cela te donnera un style bien à toi. Avec un gros collier ethnique, ce sera pas mal. Ou un foulard à la Kenzo. Assez graphique, quoi ! Et on va prendre un grand manteau qui touche le sol. Ça allonge. Tu pourrais oser des bottes. Celles-là ne font pas trop cheap. On dirait des vraies. Et puis elles sont ouvertes en haut, alors ta jambe y rentrera sans forcer. Qu'est-ce que t'en penses ? Ça s'porte aussi plus cool, avec des ballerines… T'en as ? Bon, mais pas grave. Y'en a plein, là. C'est pas des Repetto, mais bon. Ça le fera aussi. On essaie de te trouver un grand sac besace. Ça finit la tenue, hein ?

Claudie n'attendait pas de réponse. Elle était certaine de la qualité de sa sélection. Elle savait que cela lui irait à la perfection. Et puis avec ces catalogues, on avait l'impression que le monde nous appartenait. Qu'on pouvait tout s'offrir. C'était une sensation enivrante. Et il n'y avait même pas le poids des sacs pour se rendre compte qu'on était en train de faire sauter la banque.

Les petits paquets étaient arrivés les uns après les autres. Jour après jour. Pour certains accessoires, l'attente était de huit semaines, le temps que le cargo traverse les océans. Mais globalement, les calculs de Claudie étaient bons et elle serait habillée pour son rendez-vous.

Élisabeth l'avait aidée à concevoir le premier curriculum vitae de sa vie. Pas grand-chose à mettre dedans, mais suffisamment. Il ne fallait pas faire peur. C'était une carte de visite. L'essentiel était d'obtenir un entretien. La conquête de l'employeur se ferait au cours de l'entrevue, avait expliqué Élisabeth. Elles s'en étaient sorties. Elles avaient un peu brodé, mais pas trop. Elles avaient enjolivé les études en histoire de l'art. La rédactrice en chef du journal Sud-Ouest avait alors passé un coup de fil pour appuyer sa candidature et, apparemment, elle avait trouvé les mots. C'était son métier de trouver les mots. Clotilde avait décroché un rendez-vous. Elle en avait pleuré de joie quand son téléphone avait sonné. Elle avait demandé à sa tante de lui laisser installer en urgence une ligne dans son appartement. Juste pour recevoir cette communication. Plus tard, lorsqu'elle gagnerait sa vie, elle achèterait un portable. L'installateur de France Télécom était arrivé à huit heures du matin. Il avait creusé de nombreux trous dans les murs refaits à neuf et avait fait courir un câble blanc tout le long du salon et de la porte. Au bout de ce fil qui la reliait dorénavant au monde extérieur trônait un bel appareil couleur aluminium qu'elle avait posé directement sur le sol. Elle avait choisi une sonnerie stridente qui ressemblait à une alarme incendie. Ainsi, elle ne pourrait pas manquer cet appel.

Tout l'immeuble était au courant de cet espoir de rendez-vous. Cette information majeure avait donné lieu à une séance de formation intensive chez la Vilaine pour approfondir ses connaissances. Toutes les femmes au foyer étaient présentes. Elles préparaient même l'entretien avec leurs maris avant cette séance de « coaching » comme l'avait appelée Claudie, se moquant de cette nouvelle émission télévisée de conseils en tout genre qui venait de voir le jour sur sa grille des programmes.

— Écoute, conseillait Sophie, tu te tiens bien droite et tu le regardes dans les yeux, le type. Mais bon, pas trop quand même, car il ne faut pas lui laisser penser que tu le dragues !

— Oui, et puis attention à serrer la main un peu fermement. Pas le genre de truc mou qui glisse comme une anguille, rajoutait Thérèse. Je déteste. Cela dénonce un vrai manque de personnalité. Pour peu qu'elle soit un peu humide, c'est dégoûtant !

— Et mon mari m'a dit que ce qui était décisif, affirma Sarah, c'est de persuader le gars que ce poste, c'est le rêve de ta vie. Que tu le veux à fond. Que tu es la personne qui lui correspond parfaitement. Certes, tu ne l'exprimes pas ainsi, mais il paraît que si tu en es profondément convaincue, eh bien ! il le ressent. C'est comme les chiens, les mecs qui recrutent, ils sentent des choses de l'intérieur.

Clotilde consignait tout dans un petit calepin. Pour s'entraîner. Remettre une copie du CV et prendre des notes faisaient gagner des points en matière de recrutement. Alors, elle griffonnait toute la journée, mais avait préparé un cahier vierge pour le jour J. La semaine s'était écoulée en révisions et explications, tests et interrogations, tant et si bien que l'immeuble entier semblait passer son bac.

L'entretien

Toutes les copines l'accompagnèrent devant la porte et lui plantèrent une bise sur la joue avant de rentrer. Claudie lui pinça même les fesses. Signe d'un stress envahissant.

— Tu causes suffisamment, mais pas trop, Chouchou. D'accord ? Et t'emballe pas s'ils sont pas sympas. C'est comme ça dans la culture. Ils sont pas sympas. Et puis, si ça marche pas, j't'aiderai, moi, à trouver un autre taf. Hein ? Tu m'appelles quand tu sors. T'as bien noté mon portable, hein ? Allez… Vas-y dans ta taule. Au moins, tu te feras les biceps en poussant cette grosse porte tous les matins ! Je t'dis « bouse »… tu sais, on peut pas prononcer le mot.

Elle partit en croisant les doigts derrière son dos et en faisant claquer son chewing-gum. Elle portait ses bottes à chaînettes qui tintinnabulaient quand elle marchait. Les autres n'osaient pas retourner dans l'immeuble. Elles faisaient des petits signes discrets de la main comme ceux que l'on adresse aux enfants devant l'école.

Clotilde finit par pousser la porte. Puis elle patienta. Vraiment longtemps. Elle se demandait si elle ne s'était pas trompée de jour. Si elle attendait au bon endroit.

Si la dame de l'entrée avait bien compris ce qu'elle lui avait dit. Elle se tortillait sur son siège. N'osait pas faire quelques pas. Avait envie d'aller aux toilettes. Était presque au comble de l'angoisse quand une personne élancée et pâle l'invita à la suivre. Elle glissa au bord de la chaise pour trouver la force de se lever. Elles avancèrent dans un long couloir sombre. La dame circulait dans le plus grand silence. Un dédale de pierres sombres dans des salles immenses et sans fenêtre où les objets d'art et les installations apparaissaient comme dans un train fantôme. Seules taches de vie dans un espace où le temps semblait suspendu.

Elle ouvrit une porte en grand et disparut.

Clotilde mit le pied sur un tapis épais et irrégulier. Chutes de tissus entrelacées, multicolores, type cravates déchirées et agglomérées. La pièce était très vaste. Le plafond se perdait dans des poutres à plus de dix mètres de hauteur. Une jeune femme travaillait, tête baissée, sur un large bureau. Fines lamelles de bois blond sur tranches. Atelier OÏ. Seule une lampe éclairait sa chevelure rousse. Un grand abat-jour suspendu très bas, entièrement ciselé et semblable à un ouvrage de dentelle blanche, répandait une lumière dorée qui venait danser sur le sol et les murs.

— Alors, c'est un quoi ? demanda-t-elle sans lever la tête.

— Peut-être Kelly Freeman ou Patricia Urquiola… bredouilla Clotilde, plutôt ennuyée d'avoir été prise en flagrant délit de curiosité.

— Vous avez raison. C'est féminin. C'est la première. Bernabei et Freeman, pour être exacte. Elles sont deux à travailler sur ces collections. C'est donc bien vrai que vous êtes cultivée. Je pensais que c'était juste pour déguiser une forme de pression que votre amie Élisabeth Bost-Brousset m'avait avancé cet argument… de poids ! ajouta-t-elle en balayant d'un regard appuyé la candidate.

Clotilde baissa la tête. « Voilà, pensa-t-elle, l'affaire est pliée. » Toute cette excitation pour se faire virer en moins d'une minute parce qu'il suffisait de la regarder pour renoncer.

— Oh, ne m'en veuillez pas. Je ne suis pas bordelaise et donc plutôt exaspérée par ces méthodes d'influence régionales, dirons-nous. C'est à se demander si je finirai par pouvoir choisir un collaborateur librement ! Il y a toujours quelqu'un ici pour m'indiquer ce que je dois faire !

Particulièrement agacée, la jeune femme alluma une cigarette longue et fine. Elle crapota bruyamment.

— Je sais, c'est interdit de fumer dans un lieu public. C'en est un. Je m'en fous !

Elle avait pris une drôle de voix gnangnan. Comme les enfants.

Elle se leva et fit les cent pas.

Clotilde eut l'étonnante sensation d'être en présence d'une petite fille. Cette Blandine de Béline ressemblait à une gamine de douze ans. Affublée de talons très hauts et d'un rouge à lèvres carmin, elle trépignait comme une fillette punie. Mais sous cette allure gracile grondait un vrai tempérament. Elle avait le caractère affirmé et colérique de celles qui doivent prouver au quotidien qu'elles ont grandi et que leurs choix sont mûrement réfléchis.

— La chaise derrière vous.

— Oui ?

— C'est une quoi ?

— Poétique, filaire, graphique… Je dirais Chris Kabel.

— Bingo ! Et Starck ?

— Vulgaire…

— Ron Arad ?

— Trop vu. Mais fondamental.

— Bien !!! André Klauser ?

— Connais pas… Désolée, Madame.

— C'est parfait. Vous apprendrez alors. Je vous embauche. Vous me plaisez bien ! Et au fait, que mettriez-vous sur mon mur pour cacher ce clou ?

— Votre vélo ?

— Vous commencez lundi à 9 heures !

— Très bien. Je vous remercie infiniment. Je… heu… Excellente journée, Madame.

Clotilde sortit en marche arrière de peur de tout gâcher en faisant demi-tour. La jeune femme avait déjà repris ses notes. Elle écrivait rageusement au crayon de bois. Elle en avait choisi un dans un grand pot en terre où on pouvait en compter une centaine d'autres. Parfaitement taillés. Même couleur, même hauteur.

Clotilde traversa la rue. Assommée. Se répétant que c'était bon, qu'elle commençait lundi, que cela allait marcher, qu'une nouvelle vie démarrait. Elle n'arrivait pas à le croire. Ça faisait comme un écho dans sa tête. Elle se pinça le bras. Elle enjamba même le perron pour entrer dans l'immeuble. Sans tomber. Ni vaciller. Elle ouvrit la porte d'entrée. Léo l'attendait sur la septième marche.

— Alors, tu viendras plus me chercher à l'école ?

Il regardait ses pieds. L'air chiffon. Faisait semblant de faire rouler une voiture.

— Ben si, mon cœur. Évidemment que si ! Pourquoi dis-tu cela ? Je t'avais expliqué que c'était exceptionnel aujourd'hui et que papa serait là, précisa Clotilde en s'asseyant à côté de lui. Lourdement.

— Ouais, mais papa, il est pas venu non plus.

— Comment ? Mais qui est allé te chercher alors ?

— C'est Sophie. J'l'aime pas trop, tu sais. Elle a dit qu'il allait rentrer plus tard, mais moi, je sais que c'est une menteuse et que papa Bernard, il reviendra plus.

— Mais Léo, qu'est-ce que tu racontes ? Ça part pas comme ça, un papa !

— Si, si, il l'a dit hier soir. Il faisait que crier après maman. Il a dit qu'il allait prendre les grands et partir. Et moi, quand je suis rentré à la maison, eh ben ! ils étaient tous partis avec leurs affaires. C'est à cause de moi, pas vrai ?

— Non. Les parents ne s'en vont jamais à cause des enfants. Tu n'y es pour rien. C'est la vie qui n'est pas simple. Les amoureux, lorsqu'ils se rencontrent, c'est toujours formidable et après, tout se complique. Ils ont trop de soucis. Trop de trucs à penser. Ils sont fatigués. Ils ne se parlent plus. Ils ne dorment plus et puis un jour, quand ils n'ont plus de courage, alors ils s'en vont…

— Tu crois que mon papa est pas courageux ? Moi, je trouve pas. Il me lève comme Terminator et parfois, y'a longtemps, il voulait bien venir avec moi combattre les dragons. Tu vois qu'il en a du courage ! Et puis, s'il était vraiment si fatigué que ça, il serait pas parti avec les grands. Ils sont très pénibles, eux, tu sais. Ils arrêtent pas de se disputer, Lucien et Léonie. T'as peut-être pas vu parce qu'ils parlent entre leurs dents et ils pincent en cachette. Mais ils sont pas toujours gentils. Enfin bon, moi, c'est mon frère et ma sœur, alors je les aime ! Et même que maman nous avait dit qu'on était soudés pour toute la vie. Que bien après la fin du monde, il ne resterait que nous trois et que l'on devait se donner la main. Alors, tu comprends ce qui se passe, toi ? Peut-être qu'il les a forcés, mon père, à partir avec lui parce qu'il voulait plus courir tout seul et Léonie, tu sais qu'elle va vite quand elle veut. Même plus vite que Lucien. Il est tout en rage. Il devient tout rouge et puis il parle avec un ch'veu sur la langue… Il lui dit : « T'es rien qu'une gonzesse et ch'vais te pincer les nichons pour te montrer que t'es pas un garçon. » Non, « garchon », il arrive plus à faire le « se » depuis qu'il a son appareil dans les dents… Elle rigole, Léonie. Même à l'école, elle se moque de lui avec ses copines. Pauv' Lucien. C'est pour ça qu'il se venge sur moi… Il me dit que j'chuis une lopette. Que je traîne dans les jupons de ma mère. Que j'chuis son chouchou. Je le sais bien qu'il est malheureux avec tout ça. C'est pour ça que j'lui en veux pas… Mais papa, quand même ! Déjà qu'elle pleurait tout le temps, maman… Je sais pas comment elle va faire ! Et en plus, elle sait pas faire à manger…

— J'ai tout compris, Léo. Je crois que tu peux arrêter de parler maintenant. On s'en sortira pour la cuisine et le reste. On va attendre ta maman ensemble. Tu verras, ça s'arrangera.

Léo avait fini par s'endormir sur le canapé. Clotilde n'avait pas eu le courage de tout lui dire. Élisabeth prit le petit dans ses bras, comme les autres soirs. Elle escalada l'escalier tant bien que mal. Léo s'accrochait à elle dans son sommeil comme un petit singe. Clotilde referma la porte délicatement. Le cœur serré.

Transhumance

Claudie et Clotilde avaient fêté cela au Champomy.

— Ça s'arrose la liberté, avait annoncé Claudie. Même assise sur un tas d'or !

— Que veux-tu dire ? C'est cruel, s'était défendue son amie.

— Ben, soyons réalistes : si la Vilaine y passe, t'es tranquille jusqu'à la fin de tes jours et plus besoin de traverser la rue pour aller chez les brancosses, exposants de nains de jardins et de peluches guillotinées.

— Mais j'aime cela et je trouve intéressant que la ville réserve à certains artistes un lieu d'expression ouvert à de nouvelles idées !

— Mouais... et c'est pour ça que tu te mates en cachette les émissions sur le Guggenheim ou le Grand Palais... Pour voir des trucs plus ragoûtants que tes pneus dorés, hein ?

— Écoute, Claudie, considère que c'est mon péché mignon, mon grain de folie, mon conte de fées à moi... O.K. ? Et puis n'aie pas peur, je crois que ça va fonctionner avec Blandine de Béline. Te fais pas de souci. Ça ira. Et puis, si ça n'est pas le cas, tu m'aideras à trouver un poste de vendeuse chez H&M. D'ac ?

— Ouais, t'as raison, mon chou ! J'vais te laisser regarder

Arte, car j'ai un rencard ce soir avec mon petit béguin de voisin. T'imagines, sa meuf a une réunion avec les parents d'élèves. C'est pas cool, ça ? On a la soirée pour nous. J'espère qu'on t'empêchera pas de dormir. Je compte bien mettre de l'ambiance dans l'immeuble. Tu vois le genre...

Bulle de chewing-gum parfum fraise. Comme à chaque fois qu'elle parlait de ses frasques amoureuses.

Claudie avait filé dès qu'elle avait entendu la porte d'entrée claquer. Le pas revêche de la voisine. Saccadé. Dénué de fantaisie. La voie était libre. Quand il lui avait ouvert, Stanislas était nu, une mini serviette autour du bassin. Il n'avait pas perdu de temps l'animal, s'était-elle dit. Même pas peur qu'elle ait oublié un cahier ! Tellement prévisible. À moins qu'il ne réserve aussi à sa femme ce genre de point de vue. Claudie n'était pas plutôt entrée qu'il lui arrachait déjà ses vêtements. Il lui chuchotait à l'oreille : « je t'ai dans la peau ». À l'infini. Corps à corps. Bouche à bouche. Ils roulaient. Tout tombait. Stanislas aimait jouer avec le feu. Cassait les objets. Déblayait. Déchirait ses petites affaires. Effaçait ses airs de poupée. Enlevait d'un geste brutal les draps du lit. Tirait sur sa chemise. Son string. Malaxait sa chair. La caressait fiévreusement, comme une longue prière. Perdait la raison. Enfournait sa tête entre ses jambes.

« Tu es ma mangue. » Cette phrase resta suspendue entre les cris de Claudie traversée par un orgasme violent. Des mots colorés. Odorants. Qui claquèrent dans la chambre au moment où Madame Kauvarik posa d'un bruit sec le lourd fardeau de ses deux nacelles à bébés.

— Comment peux-tu ? Comment peux-tu... comment peux-tu...

La dame était en boucle. Stanislas se redressa en s'essuyant la bouche frénétiquement. Comme pour chasser l'odeur du bonbon ou de la cigarette interdite. Effacer le temps. Le remonter. Rembobiner la soirée. Éviter ce carnage. Il bafouillait des excuses. Cherchait d'un œil son slip, de l'autre essayait d'attirer ailleurs le regard de sa femme pointant ses parties honteusement fringantes. Plus elle répétait « *comment as-tu pu…* », plus il se demandait comment il allait s'en sortir ! Claudie restait sur le lit, interdite. Se sentant piégée. Peu concernée. Ses longues jambes grandes ouvertes et la « mangue » béante. Incapable de bouger. De se rassembler.

— Quelle merde… finit-elle par siffler entre ses dents, tentant de repérer ses vêtements qui jonchaient l'appartement.

— Je t'en prie… disait Stanislas à sa femme. Je vais t'expliquer…

Le mot magique. Celui de trop. Comme une gifle. Elle quitta la pièce. Pas d'explication. Pas là. Non. Avec les enfants. Qui pleuraient maintenant. Ensemble. En rythme. Comme les battements d'un seul cœur. Expliquer quoi ? Que pouvait-il lui apprendre, lui qui était toujours à côté de ses pensées ? Devant cette fille en plus ! Comment lui avouer sa détresse ? Son chagrin ? Ses absences ? Cette solitude sur ses épaules avec ces deux bambins accrochés à ses seins ? Reconnaître qu'elle n'était plus rien depuis des mois et qu'elle tenait le coup pour ses deux nourrissons. Qu'elle avait voulu partir. Qu'il ne voyait rien. Qu'était-il vraiment, à part ce joli corps ? Ils allaient déjà si mal. Inutile d'en rajouter. De l'humilier. Elle savait depuis longtemps qu'elle n'existait plus à ses yeux. Non. Pas d'explication. Aucun mot sur ce dernier faux pas. Soudain, elle hurla. Pour vomir ces pensées cruelles qui torturaient son cœur. Pour le pousser hors d'elle. Pour déchirer leur histoire. Secouée par un sanglot, elle éructa qu'elle partait chez sa mère. Qui d'autre qu'une mère pour ramasser ce petit tas ? Bafouée. Honteuse. Baissant la tête pour suivre ses pieds. Ne plus rien voir de ce désordre dans sa maison. Sa pauvre vie. Si loin de ses rêves. De ses envies.

Claudie attrapa son sac et alluma une cigarette. Elle regardait le plafond fixement, se demandant ce qu'elle faisait dans cette histoire. Stanislas roula vers elle et tira sur son mégot, frénétiquement. Il toussa. Il ne fumait pas. Un silence pesant. Comme une pause. Pour récupérer. Donner un sens. Retrouver le temps du secret.

Et puis, contre toute attente, il lui dit :

— Eh ben ! merde pour merde, reprenons où nous en étions…

Claudie resta interdite devant cette étincelle qui brillait dans son regard. « Lucifer, se dit-elle. C'est le diable. » Il l'enfourcha. Férocement. Ils eurent la nuit pour eux.

Cette même nuit, Richard, le mari de Sophie, trouva sur son paillasson une lettre qui lui était adressée. Il rentrait tard. L'esprit embrumé par un dîner interminable. Il avait bu et fumé de longs cigares qui ne lui réussissaient plus vraiment. Il était quatre heures du matin. C'était toujours ainsi avec les Russes. Les soirées étaient tardives, les femmes lascives et les Français rapidement hors course. Il avait tenu bon. Bu une seule vodka après un repas arrosé aux grands crus. Cette immense blonde à la peau laiteuse lui était destinée. Elle s'était faufilée sous la table. Comme une étoffe qui glisse sur le sol et frôle la peau. Elle s'activait sans pudeur. Dans un éclair de lucidité, il avait pensé au regard de son patron les jours suivants. Ils avaient souvent fini les soirées ensemble. Détruits par l'alcool. Les confidences fusaient comme une bile. Mais jouir devant lui, c'était la dernière barrière que lui accordait sa dignité. Ses voisins de table avaient moins de scrupules. Certains commençaient à grogner. Il s'était enfui. Avait conduit sa voiture à vive allure. Finalement, il ne s'en était pas mal sorti. Il lirait son courrier demain. Et puis non. Il y avait cette lettre. Un peu épaisse. Plusieurs feuillets. Il aimait cette écriture droite qui s'adressait à lui. Il s'installa dans son fauteuil club usé. Le seul que Sophie avait accepté de conserver de son passé. Il n'était « pastoutàfaitdelabonnecouleurmaisdebellefacture », avouait-elle dans un souffle. Ça l'amusait cette façon qu'elle avait de compresser les phrases quand elle voulait s'excuser d'une décision unilatérale. Montrer qu'elle avait du « style ». Elle détestait ce mot. Le lui reprochait. Il avait cessé de répondre. Il alluma une seule lampe. Ouvrit la grosse enveloppe. Cela ressemblait à une lettre avec un « Cher Monsieur Richard Delouette » tout en haut. Puis, à bien y regarder, à une liste de courses :

Cher Monsieur Richard Delouette,
Yves, le professeur de gymnastique
Lionel, l'encadreur
Roman, le comédien de passage à Bordeaux
Rolland, le serveur
Damien, l'ostréiculteur
Richard, le coursier

Peyo, le pizzaiolo
Armand, l'antiquaire
Gustave, le professeur de mathématiques de votre fils
Hermann, l'architecte
Jean, l'écrivain
Sylvain, le professeur de tennis, surtout lui d'ailleurs
Stanislas, le steward
Arnaud, l'infirmier
Bertrand, le concessionnaire auto
Patrice, le pion du collège
Bruno, le banquier
Fabrice, votre collègue
Daniel, le plasticien
Rémi, le cavalier
Emmanuel, le boulanger
René, le vendeur de fringues
Jean-Michel, le serveur
Patrick, l'œnologue
Benoit, le sylviculteur
Marcel, le commercial
Julio, le musicien
Fabrizio, l'Italien
Armand, le mannequin
Yvon, le cadreur
Élie, l'informaticien, le mari de sa meilleure amie
Bastien, le luthier
Alain, le journaliste
Luc, le conseiller municipal
Clément, l'huissier
Jean-Dominique, le sculpteur
…

Et ainsi de suite pendant cinq longues pages de prénoms et de métiers.

Sur la dernière feuille, un petit paragraphe à l'écriture plus légère, comme pour s'excuser :

Ces hommes connaissent intimement votre femme et cela depuis plusieurs mois. Moi, je l'ai bêtement aimée et regardée vendre chaque jour son âme au diable en se vautrant contre ces mâles indignes. Je ne doute pas de votre attachement. Contre qui d'autre que vous ferait-elle cela ?

Je pars. Veillez-la. Elle est perdue.

B.

Richard relisait la liste. Nauséeux. En colère. Il voulait compter. Trouva cela idiot. Puis las, il pleura. Une imposture. Il avait fait d'elle une imposture. Ses absences, ses trahisons, ses renoncements l'avaient détruite. Pauvre petite fille abandonnée, errant de bras en bras, à la recherche de l'amour. Il n'avait pas su inventer son avenir. Rassurer l'enfant. Aider la jeune femme à grandir. Être son amant. Délicatement. Rassasier ce corps assoiffé, dévoreur d'hommes pour se prouver qu'il était vivant. Il était fatigué de jouer cette partition écrite pour les autres. Il avait tout essayé pour lui donner confiance. Rien n'était jamais assez. Il avait lâché prise. Il s'était perdu à son tour dans des bras faciles pour oublier sa peine. Cette impuissance à la rendre heureuse. Il était au bout du chemin. Il fit son sac en empilant quelques objets sans valeur.

Il était cinq heures quand il abandonna son appartement. Il prit soin de balancer la lettre sur le paillasson de Sarah en quittant le palier.

Sarah allait à la boulangerie tous les matins pour sa famille. Pour qu'ils puissent prendre leur petit-déjeuner avec de bons produits : pain croustillant, jus de fruits frais, confitures maison, sans sucre. Sophie lui avait expliqué tout ce qu'il fallait ingurgiter pour rester jeune et en forme. Les omégas 3, les oligo-éléments, les vitamines diverses et variées, les anti-radicaux libres. Elle n'ignorait plus rien des remèdes anti-âge. Elle avait mis tout cela en pratique pour sa petite tribu : avec de tels cocktails énergétiques, ils deviendraient les meilleurs. Pour réussir. Comme leur papa. Mieux d'ailleurs. Dès le lever, elle pensait à cette réussite qu'ils devaient atteindre. Dans de jolis métiers. Plus élégants que celui de leur père. Ils seraient médecins ou avocats. Quelque chose de bien en société. Il leur fallait pour cela de bons carburants. Elle piétina l'enveloppe en sortant. La ramassa. La glissa dans sa poche et continua sa route. Elle avait un mauvais pressentiment. Sans raison apparente. Elle la tapotait en descendant l'escalier. En attendant dans la file des clients de la boulangerie. Si tôt le matin, on devait déjà patienter quelque part. Elle l'ouvrirait dans sa cuisine. Quand tout serait prêt pour la famille.

Elle avait tiré sa chaise doucement pour ne réveiller personne. Elle fit glisser les feuillets. Cela ressemblait à une lettre avec « Cher Monsieur Richard Delouette ». Elle soupira. Une erreur. Ce courrier n'était pas pour elle. Elle allait le déposer sur le paillasson de son amie. Mais son regard fut attiré par cette étrange liste de courses. Tous ces noms d'hommes. Elle ne comprenait pas. Survola la suite. Fixa soudainement son attention sur « Élie, informaticien, mari de sa meilleure amie ». Et réalisa. Un éclair. Une fraction de seconde qui lève un voile. Un doute enfoui que l'on repousse. Une douleur sourde qui grandit dans le bas-ventre. Quand cela s'était-il produit ?

Le cerveau qui tourne et retourne le semainier. S'agite dans tous les coins comme si une balle folle le tamponnait sans cesse. Se rappela ce jour où elle avait trouvé son mari à la maison en revenant de l'école. Elle n'avait pas compris ses explications et n'avait pas cherché à aller plus loin. C'était souvent compliqué la façon dont il racontait les choses de la vie. Et long. Elle ne prenait pas le temps d'écouter. Elle était juste contente qu'il soit là, si tôt rentré. Ils dîneraient avec les enfants. Elle n'aurait pas à patienter jusqu'à vingt et une heures pour picorer avec lui. Ça lui donnait des aigreurs d'estomac de manger à une heure tardive. Et il ne fallait pas grignoter en attendant. Pour avoir la ligne et être performante. Elle avait passé une soirée joyeuse en famille. C'était si rare. Les enfants aussi étaient contents. Elle s'était blottie contre lui plus tard en lui disant que cela devrait arriver plus souvent. Il avait acquiescé. Il avait l'air heureux. Il s'était endormi.

Elle relisait la liste. Une longue larme coula sur le papier. Une seule longue larme. Qu'elle essuya du dos de la main. En reniflant comme une petite fille. Elle plia la lettre dans sa poche. Il était l'heure de réveiller ses petits. Elle remit ses cheveux en place. Lissa sa jupe.

La lune était pleine ce soir-là. Pleine et rousse. Clotilde ne dormait pas. Elle pensait à son travail. Impatiente d'être devant l'entrée du musée. Elle se laissait bercer par la chaîne Arte, dans le noir, sur son écran miniature. Elle s'était endormie sur le canapé. Elle avait entendu des pas. Des portes qui claquaient. Elle croyait avoir rêvé. C'était souvent étrange les bruits des vieux immeubles qui grinçaient les soirs de pleine lune.

Le journal de Clotilde

Trois cents jours depuis mon arrivée à Bordeaux

C'est idiot. Je me demande par où commencer. Je me suis toujours promis qu'un jour, je saurais à qui écrire. Que je trouverais l'envie de me confier. Voilà bientôt trente ans que je lis, dévorant la vie des autres, sans n'avoir jamais couché un mot sur le papier. J'ai du mal à tenir un stylo. C'est pour cela que je me suis offert un plumier. Avec une encre violette. Comme lorsque j'étais petite. Pour faire de belles lignes. Ce cahier a une carapace en cuir. Je l'ai voulu juste pour moi. C'est mon premier cadeau avec mon argent. Il me ressemble. Je l'ai trouvé dur et tendre à la fois. Comme moi. Rugueux et sans forme à l'extérieur. Un bloc. Un roc. Des feuillets doux et collés à l'intérieur. On souffle doucement sur les pages et elles s'entrouvrent. Comme des portes cachées. Moi, Clotilde, vingt-sept ans, dont vingt-six pétrifiée dans une roche, j'ai, pour la première fois de mon existence, envie de vivre. C'est sans doute parce que je peux enfin me demander ce que je ferai demain. Cela ne m'était jamais arrivé. J'ai toujours cru que je ne finirais pas la journée. À moins que ce soit elle qui ne se termine jamais. Le temps est un élément auquel je pense souvent. Comme un ennemi qui me poursuit. Comme si un sablier infini coulait en moi. Pour m'alourdir. Rendre mes membres épais. Mes mouvements douloureux. Mon présent pesant.

Je suis venue sur terre laide. Pas de ces laideurs qui deviennent des atouts, car l'on acquiert, grâce à elles, une forte personnalité. Pas de ces grosseurs que l'on désigne girondes ou généreuses, créant le désir irrépressible d'y apposer les mains. Pas de ces disgrâces si frappantes que l'on peut les détourner. Réparer. Cacher. Opérer. Non, un corps et un visage inscrits dans une masse de chair alors même que le travail de façonnage n'a pas été achevé. Je ne sais pas d'ailleurs s'il reste une partie de mon être épargnée par cette infortune. Je me suis regardée dans un miroir pour la dernière fois à l'âge de six ans. J'observais cette autre avec curiosité. Sans vraiment d'appréhension ou de colère. Je pensais que j'étais comme le reste du monde. Et puis j'avais une jolie robe ce jour-là, avec des volants roses que je faisais virevolter autour de mes jambes. J'étais plutôt heureuse malgré tous ces accidents quotidiens qui venaient se coller à ma peau. Je me sentais leste bien que plongée dans un bloc de béton. Je n'ai pas de cou. Mes épaules sont tellement épaisses que l'on ne peut vraiment pas deviner si j'ai un corps de femme. Ma taille est large. Mes membres sans forme. Mes pieds, je ne les vois plus depuis des années. Mes mains ressemblent à des battoirs. Mon visage ? Je ne sais pas vraiment. Il est flou pour moi depuis si longtemps. À l'école, dans les couloirs, on m'appelait la grosse. La dodue. Le bidon. Le boudin. Le laideron. La couenne. Le lardon. Le quintal. Le tonneau. La tonne. Quand on est grosse, on vous croit bête aussi. Comme une double punition du ciel. Comme les deux bosses du chameau. Alors, j'avais droit aussi à la perchée, la paumée, la pauvre débile, la tordue, la neuneu, la naze. Là, c'était l'association physique et morale de ce qui leur semblait ma réalité. Il y avait aussi la bâtarde, insulte suprême vomie pour clore le chapelet d'injures dont j'étais recouverte. Je n'avais qu'une envie, disparaître. Me fondre dans l'espace. Rentrer sous terre. J'ai enfoncé un chapeau de feutre noir sur ma tête pour que l'on ne voie plus que le menton, à étage d'ailleurs, je crois bien. C'est comme ça quand on est gros. On prend une marche par année. Ça s'inscrit dans le corps et dans des endroits curieux. Des parcelles de peau que l'on n'aurait jamais soupçonnées pouvoir se détendre. Le cou, l'arrondi du visage, la gorge, les plis du ventre, l'intérieur des cuisses, les bras, les seins. Tout semble se relâcher à l'infini. Fondre vers le sol dans une étrange pesanteur. Avec le temps, on ne le perçoit plus. On ne se voit plus. C'est amusant de constater que l'on ne se sent pas grossir. On peut gonfler indéfiniment sans conscience de ce qui se passe réellement. On sait intuitivement, mais sans véritable notion de ses proportions. Comme si le cerveau s'adaptait au gonflement du corps. Puis un jour, on se retrouve coincé dans un siège, une porte, on ne peut plus se tourner ni toucher ses pieds. Alors, on tangue pour avancer, tel le balancier d'une horloge. Comme si le temps qui nous restait à vivre s'écoulait. On parle à juste titre d'obésité morbide, non qu'on soit des morts ambulants, non, mais parce que cela insupporte. Les gros dégoûtent. Agacent les autres. C'est bizarre. Ce n'est pas le cas des maigres, des boiteux, des bossus. Non. Juste des gros. J'ai constaté cela depuis des années. Pas de respect pour ceux-là. D'ailleurs, plus jeune, je prenais beaucoup de coups. Sur la tête souvent. On me pinçait aussi. On m'a mordue. Dans les toilettes. Je sortais toujours encombrée de moi-même et de mes affaires que j'avais fait rentrer non sans mal dans cet espace exigu où mes genoux touchaient la porte. J'essayais de ne rien casser ni tacher. Ils fondaient sur moi, les enfants normaux. J'ai fini par croire qu'ils attendaient ce moment avec impatience. Comme si la chasse d'eau les libérait totalement. Ils me tordaient les bras. Jetaient mon cartable dans les toilettes. Renversaient des objets sur mon visage. Ils étaient si nombreux parfois. J'avais si peur. Et cette méchante odeur de transpiration qui jaillissait de moi venait alors augmenter leur rage. Ils hurlaient comme des sirènes. Ils frappaient encore plus fort. M'arrachaient mon chemisier, ma veste, mon manteau. Tiraient sur mes pulls jusqu'à ce que l'on entende les coutures craquer. Me faisaient tournoyer en agrippant mes vêtements comme pour me transformer en toupie. Mettaient du sable dans ma culotte en me griffant la peau. Quand la cloche sonnait, je ne savais plus où j'étais. J'arrivais en retard, le temps d'essayer de me retaper un peu. Mon professeur me regardait, ahuri. Semblant se demander ce que j'avais bien pu faire de ces quelques minutes de récréation. Les autres ricanaient. J'ai fait rire beaucoup de gens sans le vouloir. Et puis, avec toutes ces peurs et ces chutes quotidiennes, j'ai commencé à ne plus voir correctement. Je ne l'ai confié à personne. Je ne souhaitais plus savoir qui me faisait tout ça. Je bouchais mes oreilles pour ne plus les entendre. Je baissais la tête, comme endormie. Puis je m'adressais au ciel devenu flou depuis quelque temps. Le seul inconvénient était de ne plus pouvoir lire, aussi je rapprochais les livres tout près de mon nez. Jusqu'à toucher le papier. Le reste du monde ne m'intéressait pas. Ils m'ont alors surnommée la taupe, la miraud, la bigleuse, la toquée, la piquée. Je ne pouvais pas en parler à ma mère. Elle s'égosillait déjà tellement quand je revenais à la maison. J'étais une souillon, un épouvantail, une gitane, une guenille. Elle a toujours pensé que je me roulais sur le sol de la cour pour mettre mes affaires dans cet état. Que je cherchais à détruire tout ce qu'ils m'offraient. Elle criait que j'étais une ingrate. Une pauvre fille. Que je voulais tout casser.

Que j'étais une enfant débile. Une simplette. Une pas normale.

Passer inaperçue. Ne pas encombrer le regard des autres. Voilà ce à quoi je devais m'employer. Exister, c'était déjà bien assez. J'allais la faire crever. Elle avait prononcé ce mot qui claque encore dans mes oreilles. « Crever ». J'imaginais alors un vieux pneu crevé flotter sur l'eau. Elle, retournée, les bras écartés. Non, je ne pouvais pas lui faire ça. Je l'aimais trop. Même quand elle vociférait. J'avais les tympans qui vibraient longtemps.

Dans la cour, ça s'est calmé avec le temps. Il faut avouer que je ne bougeais plus. Je restais assise par terre. La tête baissée. Alors, ils me frottaient avec du sable. Visage et cheveux en crachant. Je pleurais en silence. Un jour, une voix a claqué derrière moi, celle d'un homme. Un surveillant. Il était hors de lui. Il n'en revenait pas. Il hurlait tellement qu'ils ont filé. Je crois qu'il leur a vraiment fait peur. Il m'a accompagnée à l'infirmerie. Il tremblait en me tenant le bras. Il bougonnait : « sales gosses, foutus tyrans, des terroristes en herbe, des barbares ! T'inquiète pas, mon p'tit, je veille sur toi… Nom de Dieu… »

J'avais du sable plein les yeux. J'avais honte. Je n'osais pas l'observer pendant qu'il aidait l'infirmière à me mettre des gouttes et à me nettoyer le visage. Je sais qu'il a veillé sur moi. Ils ne m'ont plus approchée. Plus jamais. J'étais une île. Perdue pour tous. Oubliée.

Après cette scène, je ne me suis plus jamais regardée. Même pas dans les vitrines, en passant. Encore moins du haut de mon corps pour voir le bas. Pas plus dans le reflet de l'eau sur les robinets, sous la douche. J'ai fait comme si mon être s'était effacé avec ce sable qui brûlait la peau. Et puis, avec le temps, je me suis mise à vivre en bonne entente avec tous ces morceaux de moi. Je ne leur en veux pas. Nous sommes comme d'excellents colocataires, évitant chacun de nous poser des questions, jouant parfois avec cette ombre géante comme un gros rocher surmonté d'un chapeau à larges bords.

Je pensais que dans cette peau-là, je ne pourrais jamais rien faire de ma vie. J'ai bien compris que notre monde appartenait à la grâce. Du reste, il est rare de cumuler autant de défauts. D'être si peu gâtée par la nature. Une vraie provocation. Comme une vengeance du ciel. On se demande chaque jour à quoi bon… C'est un destin difficile, mais que je considère avec patience. Sans espoir. D'ailleurs, depuis que le vide a pris la place de l'espérance, je suis heureuse. Et c'est peut-être pour cela, parce que j'ai ressenti cette torpeur étrange qui m'a laissée tout engourdie du plaisir d'être vivante, que le miracle est arrivé.

J'ai trouvé un travail. J'entends par là une fonction non dégradante. Ou plutôt un petit rôle à jouer dans la vie des gens. Pas celui du ramasseur de désordre, de crasse et de misère. Ça, je l'ai fait pendant quelques années pour survivre. Non. Un vrai boulot. Une mission. Une responsabilité. Un quotidien utile qui comble mes journées.

Jour 323

Je suis vendeuse en librairie. Enfin, je crois que maintenant, on peut oser lui donner ce nom-là : Librairie. Il y a livre et libre dans ce mot. Et pour moi, c'est une évasion.

C'était un couloir tout noir dans le hall du musée d'art contemporain. Un débarras. Un embarras. Personne n'en voulait. D'ailleurs, c'était plutôt une tache noire derrière la porte où l'on entasse des choses. Chaque caisse poussée à l'intérieur enfonçait un peu plus la précédente. Il y avait l'obscurité, les toiles d'araignées, les odeurs putrides et quelques animaux rampants. Un lieu à l'abandon. Le président du musée avait clairement fait comprendre qu'il fallait gagner plus d'argent. Que pendant cette terrible crise que nous traversions, la culture devait baisser pavillon au profit des chômeurs, des écoles, des logements et d'une multitude d'urgences bien plus graves. Que le gouvernement avait promis. Plus de social et moins d'impôts. Les établissements culturels allaient en faire les frais ! D'ailleurs, sur ce sujet-là, je m'autorise un autre avis, car, personnellement, l'Art m'a sauvée.

C'est grâce à tous ces livres et à ces sculptures observées dans des musées que j'ai retrouvé l'espoir. Que j'ai pu vivre, tout simplement. Je me dis que j'ai eu le bonheur de rencontrer des œuvres et que lors de ces confrontations uniques, mon existence a pris tout son sens. Que j'ai eu la chance de recevoir ce merveilleux don que me faisait l'artiste. Que j'ai ressenti ces vibrations. Aussi, quand cela allait vraiment mal, je me projetais dans une création comme dans un refuge. Si je pensais à mon physique désastreux, je me propulsais immédiatement dans le corps de la « Nana » de Niki de Saint-Phalle. Cela éclairait ma journée. Et je me dandinais un peu plus. Si je me faisais incendier par ma mère, je dessinais aussitôt un Pollock et à chaque mot blessant, c'était un jet de couleurs qui partait s'écraser sur la toile en crachant des lettres qui perdaient leur sens. Si je me levais avec un ciel couvert, alors je traçais un rond rouge à la Miro, je le fixais et soudain j'avais chaud. Toute ma vie, j'ai appelé l'Art à mon secours. Depuis, je trouve toujours du bonheur là où mon regard se pose. J'ai finalement reçu ce don immense : celui de pénétrer l'âme des œuvres.

Le Président avait parlé longtemps. Il tempêtait et répétait les mêmes phrases dans plusieurs sens pour que cela entre bien dans nos têtes. Il fallait arrêter de penser que nous allions continuer à percevoir les subsides de la ville et des autres collectivités. Le temps des subventions n'était plus. Nous devions apprendre à vaincre seuls. Se battre ou renoncer. C'était comme si on partait en guerre, d'après ce que l'on m'a raconté.

Les employés du musée ont eu très peur. Certains de perdre leur emploi, d'autres que le Président les laisse là. Alors, ils ont proposé des idées pour augmenter les recettes. Ils ont hésité entre une cafétéria et une librairie. La directrice s'est érigée contre un lieu de « vagues plaisirs charnels sous couvert d'une culture loisir ». Je ne sais pas trop ce qu'elle avait voulu dire, mais au final, ils ont créé ce lieu et je m'en occupe. J'ai la chance d'avoir été choisie pour cette mission. J'adore ce mot. Cela me semble presque religieux de parler de ma mission. Sur terre. Dans mon musée. Oui, souvent en cachette, je pense que c'est le mien. Je suis le fantôme de ce musée. Mon esprit y reste le soir, même quand je traverse la rue, puisque j'habite pile en face. Pile. Une ligne droite segmentée par un pointillé de peinture blanche sur la chaussée.

Dans mon métier, on achète ! Et donc, cela n'intéresse personne ! Il paraît que c'est vulgaire d'acheter pour le monde culturel. Un réflexe populaire. L'Art, ça se respire, ça glisse dans les fibres de la peau, dans le cœur, le cerveau. On en hérite. Avec la pierre et les meubles. On ne l'apprend pas comme cela, à la légère. Ça se maîtrise au fur et à mesure de générations de gens avertis. Initiés. Pas de place pour les profanes. L'Art, ce n'est pas un acte. C'est une pensée. Une fulgurance. Un concept bien éloigné de mes préoccupations. Car moi, acheter, je trouve cela jubilatoire et angoissant à la fois. Je ne veux pas outrepasser ma mission. J'ai là une responsabilité, sans trop savoir si j'en suis digne. J'ai eu carte blanche, comme ils aiment à dire dans cette institution. Alors que je n'avais jamais fait d'achats, à part mes vêtements par correspondance, ce ne sont pas des pièces ou des billets que j'ai eus tout à coup, mais des lignes de crédits, des engagements, des bons de commande. Et ça marche aussi.

D'abord, il y a eu l'endroit. Je le nomme ainsi, car j'ai accepté la charge d'un lieu qui n'existe pas. C'est encore plus réjouissant. C'est un projet que l'on m'a confié. Tout à faire. Carte blanche. Pas le temps. Débrouillez-vous. J'ai tout choisi. La couleur des étagères. Leurs formes en vague comme des Ron Arad en plus solides. Les petits tabourets de lecture. Les cubes de différentes hauteurs pour poser les ouvrages. Comme il n'y avait pas vraiment d'enveloppe budgétaire, ils m'ont laissé gérer avec l'atelier. Un endroit qui ressemble plutôt à un hangar. Une trentaine de personnes y travaillent à l'année. Un royaume de poussière et de sciure avec l'odeur du labeur qui plane. Il y fait très froid, puis très chaud. Une radio grise projette des voix stridentes et nasillardes. Ça mériterait un grand nettoyage. J'ai gardé cette manie du propre et des effluves de Javel. Les menuisiers ont été formidables. Il faut dire que j'ai passé des nuits entières à dessiner les meubles. Ce n'étaient pas des œuvres d'art, mes croquis, mais ils voyaient bien que j'avais l'air fatigué le matin et que cela me tenait à cœur. Que ce n'était pas pour moi. Que c'était pour les autres. Pour faire partager. Pour redonner une âme au musée. Alors, ils ont vraiment fait pour le mieux. Et puis ils aimaient discuter avec moi des formes, des mesures, des moyens de fermeture, des astuces, des accroches, des tiroirs, des cachettes, des petites tablettes pliantes. Ils trouvaient cela amusant, cette idée de lire à moitié debout ou à moitié assis. Ils disaient que, d'habitude, ils étaient payés pour peindre des panneaux en blanc afin de mettre en valeur les œuvres. Que c'était donner de la confiture aux cochons ! Il y a même un manutentionnaire, Gilles, qui a fait l'école Boulle. Personne ne le sait. À part dans l'atelier évidemment ! Il m'a raconté son secret un soir quand le bâtiment était fermé. Sa femme n'avait jamais voulu quitter Bordeaux. Alors, il avait renoncé à son beau métier. Malgré des mains en or. Il montait des kilomètres de cloisons en bois toute l'année, mais cela ne semblait pas le désespérer. C'est comme s'il avait oublié tout ce qu'il savait faire. Il pensait à autre chose pendant qu'il ponçait. À ses enfants. Au coffre à jouets qu'il allait faire au petit. Comme il était malin, il est devenu chef. Bien sûr, quand ça chauffait dans l'atelier et que l'on parlait de grève, c'est lui qui menait les troupes. On sentait qu'il avait la rage. Qu'il pourrait mordre facilement. Et d'ailleurs, les trente gars étaient derrière lui et le suivaient. Mais il finissait toujours par dialoguer avec la patronne. Ça lui faisait mal au cœur d'être en froid avec elle. Je crois qu'il l'aime bien.

Gilles s'est débrouillé pour m'acheter des peintures de couleur. Je lui ai expliqué que je voulais que les enfants puissent venir nombreux. Qu'il fallait les encourager à lire, à revenir souvent. Qu'ils devaient se sentir à leur aise dans cet espace. Alors, il a choisi toute la palette de l'arc-en-ciel. Il a négocié avec le magasinier. Pendant qu'ils construisaient, je frottais. J'y ai passé des litres et des litres de détergent. Un mois après, mes mains brûlent encore de l'intérieur. J'avais juré à ma tante de ne plus jamais faire de ménages. Mais là, c'était pour la bonne cause. Un matin, ils m'ont fait la surprise. Ils m'attendaient devant la porte. Ils ont éclairé d'un coup. C'était comme si mon cœur s'arrêtait de battre. Alice au pays des merveilles. Cela doit produire cet effet lorsqu'on est très belle et que l'on se découvre dans la glace. J'en suis certaine. Une surprise intense. J'avais les joues en feu et ça me grattait dans le cou. J'ai bien cru que j'allais pleurer. Mais non. Par contre, je ne pouvais plus parler. J'ai toujours des réactions à l'envers. C'est pénible. Je reste pétrifiée et les gens ne savent plus quoi faire. Ils se sont volatilisés après avoir dansé d'un pied sur l'autre. Ils étaient très mal à l'aise. Et moi, je cherchais de l'air comme un dindon. Depuis, ils ont un peu peur de moi. Ils me font un petit signe de la main de loin, le matin. Je me demande si je réussirai à renouer le contact. Depuis que la Librairie est ouverte, chacun a regagné sa place.

J'ai obtenu une ligne de crédit pour procéder à l'achat des ouvrages. Je les ai choisis peu chers. Avec des couvertures souples pour que chacun puisse repartir avec un peu d'art sous le bras. Un bouquin à faire vivre dans son sac à main ou sa voiture. Pas pour exhiber sur une table basse. Un livre poétique qui raconte avec simplicité le talent des artistes. Cette magie créatrice. Un ouvrage à quelques euros, comme ça, on ne l'achète pas à la place de… J'en ai sélectionné quelques-uns d'une qualité incontestable pour faire plaisir à ma patronne, Blandine de Béline. Elle m'a rendu visite au bout d'un mois d'installation. Elle a fait le tour de la

Librairie et m'a lancé sans me regarder que nous n'étions pas un « bibliobus de l'art » et que mon éducation était certainement suffisante pour admettre que je pouvais aussi m'adresser à des êtres supérieurs. « En culture et en moyens, j'entends, ma petite… enfin, si l'on veut… » C'est toujours ainsi qu'elle finit ses phrases avec un « si l'on veut… » C'est comme si elle souhaitait être aimable avec moi et que, tout à coup, ma grosseur lui sautait aux yeux. Alors, elle se renfrogne. M'éloigne d'elle. De son quotidien. Malgré tout, elle me touche infiniment. Elle est cinglante et fière. Orgueilleuse comme un péché capital. Pourtant, je la sens fragile. Blessée. Humiliée. Elle aussi. Si belle pourtant. Comme si sa beauté ne suffisait pas à son bonheur. Étrange femme célèbre et gracieuse repliée sur son cœur. Et chaque fois que j'entends ses talons hauts claquer sur la pierre noire du bâtiment, je tremble. Je ferme les yeux et retiens ma respiration. Souvent, elle ne s'arrête pas. Je sens son œil de porcelaine fouiller la pièce pour s'assurer que je suis bien à mon poste. Avantage sur mes collègues : elle ne peut pas me rater !

Jour 338

La semaine dernière, j'ai osé. Cela fait des jours que j'y pense. J'ai déposé un dossier sur son bureau. Je l'avais entièrement écrit à la plume avec des dessins et des illustrations à chaque page quand Claudie a affirmé que ma présentation était « gavé ringue ». Qu'à l'ère du numérique, j'allais en prendre plein la tête et qu'il fallait que j'attende d'être célèbre pour m'autoriser les carnets de voyage ! Alors, j'ai tout recommencé sur son ordinateur. Elle en possède un très esthétique. Rose. Pur trésor du design. On voit le moteur dedans. Comme un bonbon translucide. Ça lui ressemble. Elle s'en sert pour « taper ses papiers », comme elle dit en parlant de son travail de présentatrice et puis aussi parce qu'elle est sur MSN. Elle envoie toute la journée des messages à « ses hommes ». Sujet personnel. Je m'abstiens. Toujours est-il que j'ai refait mon dossier grâce à elle. Je n'ai jamais vraiment utilisé un ordinateur. Alors, cela m'a pris des nuits entières d'écrire avec deux doigts. Quand elle travaille, j'entends le clic-clic-clic de ses jolis ongles vernis sur les touches. Elle va tellement vite. Elle a corrigé derrière moi pour « rendre ça un peu plus sexy ». Au bout de deux heures, cela ressemblait à un bel exposé avec des pleins et des déliés. Une écriture ronde comme si je l'avais écrit moi-même. Des couleurs, des flèches, des encadrés. C'était incroyable. Tous les soirs depuis, elle m'apprend à apprivoiser sa machine et à maîtriser « PowerPoint » pour épater mes collègues. Elle est rigolote, ma Clau. Elle pense toujours que, parce que je m'y connais en art et en bouquins, je vais devenir présidente de la République ! Elle n'arrive pas à se mettre dans la tête que je ne suis presque rien et que cela me convient.

Finalement, après tous ces efforts et ces discussions avec Claudie, j'ai voulu le déposer discrètement, avant de partir, sur la table de travail de B. de B. J'avais même fabriqué une couverture en papier couleur. Détail inutile, mais je n'ai pas pu résister. Quand je suis entrée dans son antre, il y avait si peu de lumière que je pensais qu'elle n'était plus là. Elle laisse toujours une veilleuse comme si elle était sur le point de revenir. Les lattes laquées noires craquaient effroyablement sous mon poids dans un silence de cathédrale. C'était terrifiant. Je suis restée un moment figée. Et puis, je me suis dit que c'était important et que je devais avancer. Je me suis un peu dandinée. Je sais. C'est mal. Nerveuse. J'ai fait glisser le dossier sur le bord de son bureau. Pleine d'espoir et désespérée à l'idée de retraverser l'espace. Elle était bien là. Elle n'a jamais relevé la tête. Ni les yeux. Elle lisait en fumant. Les pieds nus, croisés sur sa table de travail. Ils sont petits et ronds à la fois. Le visage blafard dans cette lumière du soir. Les lèvres rouge carmin. C'est comme si j'avais passé ces quelques minutes en apnée. Suspendue dans un silence monacal. Elle ressemblait à un Vermeer.

Ce matin, j'ai entendu ses talons s'arrêter devant la Librairie. Mon souffle aussi. Elle a entrebâillé la porte en verre et a lancé le dossier sur ma table de tri. Elle est repartie sans un mot. Ni une expression. Fermée. J'ai attendu un long moment. Je ne sentais plus les battements de mon cœur. J'ai respiré profondément. Ce n'est pas bon une telle émotion si tôt dans la journée. Je suis bouleversée ensuite jusqu'au soir. Je tremblais légèrement sans pouvoir me contenir. Je me suis baissée pour ramasser les papiers qui avaient glissé. Et j'ai lu : « bon pour accord et bravo. Voir la compta. B. de B. ». Une belle écriture longue et pointue à la fois. Une signature comme une arabesque. Un miracle ! Je les avais, mes ateliers pour enfants.

Je lui aurais presque couru après pour embrasser ses petits pieds ronds. Mais je m'en suis bien gardée. Quand elle arrive tôt, il ne faut pas la déranger. Elle travaille sur ses collections. Pour ses expositions. Elle passe des milliers de coups de téléphone. Elle déteste quémander. Elle est de très méchante humeur. Elle y consacre une journée entière, de sept heures du matin à vingt heures, et ensuite, elle enchaîne avec des mails. C'est un rythme fou. D'ailleurs, le travail, pour elle, semble une torture qu'elle aime à s'infliger. Elle fonctionne abruptement. Sans repos. Jusqu'au malaise. Je crois qu'elle n'est pas pressée de rentrer chez elle. Elle n'a pas de famille.

J'ai longtemps pensé qu'elle ne trouverait jamais un homme à sa hauteur. Trop rigide pour un artiste. Trop créative pour un banquier. Et puis elle ne se laisse jamais aller. Je ne l'ai jamais vu rire. Ni regarder quelqu'un avec indulgence. Ou amusement. Il n'y a que les œuvres qui éveillent une drôle de lumière dans ses yeux. Ils changent alors de couleur et deviennent noirs comme de l'encre. C'est parce qu'elle est concentrée. C'est comme si elle intégrait l'objet. Le digérait. Parfois, elle s'entretient longuement avec les artistes. Comme pour les aspirer, eux aussi. Seul l'Art la transcende. Mais elle ne se laisse jamais toucher. Ni le cœur ni le coude.

Jour 339

J'ai appris une nouvelle insensée. C'est un gars de l'atelier qui me l'a confiée. En fait, il ne m'a rien révélé. Il a juste proféré une allusion sordide alors qu'elle venait de lui raccrocher le téléphone au nez. B. de B. voulait parler à son chef. Pas à lui. Elle ne s'adresse qu'aux responsables. Elle est d'ailleurs très ennuyée avec moi, car je n'en ai pas. Sauf elle. Alors, elle m'ignore. Ou bien elle mandate son assistante, en ma présence, pour me passer des consignes : « vous direz à la jeune Clotilde qu'elle doit… enfin, si on veut ». Aussi ai-je pris l'habitude de baisser la tête et d'attendre. Le visage plongé vers le sol, comme Anna Leonowens prosternée devant le roi du Siam. L'effet est apaisant. Et je patiente en me concentrant sur d'autres objets. Cela me calme.

Ce gars de l'atelier a donc lâché des insanités sur son compte. Je l'ai regardé avec des yeux ronds. Interrogatifs. Ébahis même. « T'es vraiment la seule à ne pas savoir que B. de B. fait la marie-couche-toi-là avec le Président.

Enfin, quand il en a le temps parce qu'il a d'autres chats à fouetter » ! Éclats de rire. Gras. J'aime les ouvriers. À l'instant présent, je le hais ! Je le trouve misérable. Il l'a compris et a filé au fond de son magasin. Moi, je suis restée plantée là. Les bras ballants. Le Président ? Le Président ! Il faut dire qu'il est terriblement séduisant. Brillant. Différent du reste du monde. D'abord, il est noir. Bordeaux a pris le risque de choisir un homme de couleur pour présider aux destinées de cet entrepôt de denrées coloniales, devenu une place incontournable de l'art contemporain en Europe. Revanche. Repentance. Étrange retournement du temps. Du sablier. Lui se moque de tout cela. Sans ignorer non plus les motivations des uns et des autres. Il est à des années-lumière de cette tranche de l'Histoire. D'ailleurs, ses ancêtres n'étaient pas des esclaves. Il n'a jamais connu l'Afrique. Il a vécu plus longtemps en Suisse que dans son Indonésie natale. Sa grand-mère était créole. Son grand-père sénégalais. Certes, fils de diplomate, il a reçu une éducation qui le classe bien au-dessus du niveau ambiant. Il est de cette race supérieure, mêlée, libérée. Il ne se range jamais du côté des faibles, sauf pour leur tendre la main. Les petits, comme il dit. Il est dans d'autres combats. Considérant que la repentance est un label dépassé. Que les jeunes de son âge n'ont plus besoin du souvenir pesant de la négritude. Que le passé est génétiquement assimilé par les nouvelles générations. Par la société contemporaine. Qui ne se pose d'ailleurs plus ces questions. Qui apprend l'Histoire sans se sentir interpelée. Qui s'interroge plus sur la barbarie que sur ses fondements. Qui a renoncé à discuter des heures et à créer des commissions, préférant agir plutôt que compatir. Construire. Cette cité contrastée. Sans repères. Celle que l'on annonce durable, mais sans avenir. Son combat à lui, c'est la culture. L'éducation. Le savoir. Celui qui permet de trouver des mots plutôt que de passer à l'acte. Maintenant, je maîtrise parfaitement ses expressions : la mixité culturelle, la construction d'une plateforme commune, une Tour de Babel moderne, une confrontation, un encouragement à la création, une préemption des nouveaux talents, un modèle pour les autres villes. C'est pour cela qu'il a accepté de devenir Président. Voilà tout ce qu'il revendique. Il n'est donc pas noir. Il est, simplement. D'ailleurs, ce que l'on remarque en premier lieu, ce n'est pas sa peau noire, mais la finesse de ses traits, sa beauté surnaturelle, de celle qui provoque le silence quand il entre quelque part. Gestes déliés. Élégance. Jambes immenses. Costume ajusté. Chemise immaculée. Boutons de manchette en or blanc. Eau de toilette enivrante flottant dans la pièce longtemps après son départ. Sourire exquis. Mot gentil pour chacun. Allure policée quoi qu'il arrive. Disponible, quelque soit le sujet. « Mes hommages, mademoiselle ». Baume quotidien sur mon âme. Il réserve cette formule délicate à toutes les femmes. Ses visites creusent un sillage laissant le personnel stupéfait. Suspendu aux lèvres de Kar Bronsky. Un prénom qui porte l'Afrique et un nom imprégné de la nostalgie slave. De cette « slavitude », il a le regard clair. Perçant. Acéré. Comme un aigle. Je n'ai jamais osé le soutenir.

Voilà donc le chagrin qui happe le cœur de Blandine de Béline. Un homme qu'elle aime, mais qui ne l'aime pas. Un amant dont une alliance orne les longues et fines mains. Présent, mais si souvent ailleurs. Qu'elle idolâtre en secret, sans pouvoir s'afficher. S'accrocher à son bras. Espérer une nuit. Un enfant. Une vie. Je ne sais rien de ce sentiment, mais je le devine. Cet amour interdit est de ceux qui rongent lentement. Qui détruisent les croyances. Aspirent la jeunesse. Piétinent l'honneur et anéantissent l'espoir.

Je comprends soudain ses talons si hauts, son rouge à lèvres carmin. Elle voudrait être femme. Elle n'est que le présent. Sans passé, ni futur. Fruit d'une passion nocturne dans un antre voûté de pierres sombres, d'œuvres désincarnées, de menuisiers tristes.

Consommable. Elle devient une enfant abandonnée. Une poupée repoussée. Elle à qui la vie n'a rien refusé voudrait faire des caprices. Taper sur la table. Jeter des objets. Ordonner. Punir. Cela ne marche pas. Rien ne fonctionne d'ailleurs. Elle reste désirable, mais remplaçable. Une, parmi d'autres.

J'aimerais la prendre dans mes bras. Effacer son chagrin. Ce regard triste. Cette désespérance. Lui dire que tout peut changer. Elle. Et lui.

Jour 354

B de B. est enfermée depuis deux jours dans son bureau et pleure. Je le sais, car j'ai croisé ses yeux rougis. Gonflés. Son assistante raconte dans les couloirs qu'elle crie au téléphone. Qu'elle jette. Qu'elle casse. Folle de douleur. Ce doit être cela.

Jour 360

Gilles a trouvé ce que je lui avais commandé depuis si longtemps. J'aurais pu essayer de me débrouiller toute seule, mais je suis encore godiche. Je me déplace en vélo, mais uniquement le long des quais. Cela m'a donné une vraie liberté. Je flâne des heures, le soir, jusqu'au coucher du soleil et très tôt le matin, certains jours. Je pousse sur les pédales et c'est comme si je volais. Mes cheveux ondulent au gré du vent et je respire les embruns. Ça sent la mer. Le fleuve brillant comme un long tapis d'airain me fascine. Il charrie des formes étranges. On y voit presque des vagues. Parfois des troncs. Des bois flottés. Je longe le Port de la lune. Le ciel irradie. La lumière balaye ses rayons sur les façades couleur miel. C'est un spectacle dont je ne me lasse pas. Je m'aventure jusqu'au Miroir d'eau. Il reflète ma ville. Fait danser l'histoire des bâtisses du dix-huitième siècle. Les enfants le traversent en sautillant de bonheur. J'attends l'heure magique où la flèche Saint-Michel laissera apparaître son reflet sur le sol de granit. Un mirage. Et puis mon corps va mieux. Je bouge maintenant sans avoir mal. Moins mal. Je pédale et je sens que quelque chose prend forme sous ma chair. Même mes vêtements parviennent à flotter autour de ma taille. Je peux entrer dans la douche sans me cogner. Je peux me baisser sans tomber. J'ai réussi à m'accroupir et à rester dans cette position insolite quelques secondes, sans m'effondrer sur le côté. Finalement, je teste la gravité. Je sors de ma prison debout, assise, couchée. Je tourne, je me balance. Me tortille. Me contorsionne. M'incline. N'atteins que mes cuisses. Je me suis donné six mois pour plonger en avant et toucher le sol. Mains à plat. Le vélo, je ne m'en lasse pas. C'est comme une drogue. Si je n'en fais pas, je souffre dedans, dehors. Je pédale, mais hélas, ne sais toujours pas vraiment tourner ! J'ai tenté, mais c'est assez terrifiant. Je me suis déjà blessée en tombant. Les gens crient parce que je zigzague étrangement d'abord. Puis je ne contrôle plus rien. J'écarte les jambes bêtement et je finis par m'écrouler. J'essaie de tendre les bras. De retenir le sol qui rentre dans mes chairs. De retarder le choc, mais je ne vois que de la ferraille et du béton. Quand on tombe, on a toujours l'impression que la terre fait le tour de nous-mêmes. Comme pour nous ratatiner. Les spectateurs de ces chutes restent médusés. Ne rient pas. S'efforcent de me relever. Ne savent comment s'y prendre. Je ne suis pas relevable. Je m'affale comme une masse. Lourde. Pesante. Sans prises. Étalée. Souvent à moitié assommée. Ceux qui s'y sont risqués ont senti de telles décharges dans le dos qu'ils ont renoncé. Alors, je dois rouler. Pour finir à genoux. Et je me relève comme un pachyderme. En dépliant mes pattes et en redressant mon corps par à-coups. Derrière en l'air, puis bascule vers le devant. Un spectacle affligeant et lent que je dois partager avec mes sauveurs. Je saigne quelquefois du visage. Du nez, abondamment. Cela me déforme un peu plus pendant quelques jours. Parfois, les enfants sont effrayés. Je lève les mains pour leur faire signe. Les apaiser. Elles sont couvertes de sang. Ils hurlent de terreur. Ils aiment les films d'horreur, mais ont peur du sang.

J'ai donc décidé de tourner très loin, presque au bout des quais. Bien au-delà des pistes cyclables. Là où l'on carène les bateaux. Les bassins à flots s'étirent entre de larges étendues de terre. Cela m'oblige à parcourir trois cents mètres de plus. Je finis par y arriver. Tremblante, mais fière.

Impossible d'aller jusqu'à l'animalerie où je voulais absolument acheter un chat à mon Léo. Un « miaous », comme il dit. J'ai demandé à Gilles de m'en trouver un qui ressemble à un doudou. Il est tout petit. Une minuscule boule de poils, toute grise. Aux yeux bleus et ronds. Au nez aplati. Il ronronne dès que l'on approche la main.

Jour 361

Je l'avais posé dans son petit panier sur la septième marche. Je voulais qu'il le découvre en rentrant de l'école. Léo était fou de joie. J'ai même cru qu'il allait pleurer. Il m'a sauté au cou et a laissé sa tête longtemps, longtemps au creux de mon épaule. J'aime son odeur. Il sent le miel et le pain d'épices. On dirait toujours qu'il vient de manger des gâteaux.

Jour 364

Il ne le quitte plus. Il met le chat sur son épaule ou sous son polo. Il a fallu batailler fermement pour qu'il ne l'emporte pas à l'école. Conclusion, il reste dans mon salon en attendant son retour. Ou parfois chez ma tante. Il ne veut pas le laisser seul. Il répète inlassablement que c'est un vrai malheur d'être seul et qu'on est triste, pour toute sa vie. Je n'ai pas répondu. Je sais qu'il parle de lui. De son chagrin. Mais il ne va plus dans l'escalier. Depuis qu'il a son chat, il revit dans les appartements. Le mien. Le sien. Celui de ma tante. Cela fait trois mois que sa famille a disparu. Son père et ses frère et sœur n'ont donné aucune nouvelle. Ils ont changé d'école. J'ai cru qu'Élisabeth ne s'en remettrait jamais. Elle a passé encore plus d'heures au travail. Elle était livide et amaigrie. L'ombre d'elle-même. Et Léo toujours plus seul. Et puis, depuis quelques jours, elle a totalement bouleversé ses habitudes. Elle a commencé par prendre quelques congés. Elle a souhaité m'accompagner au parc avec Léo. Un peu comme si elle avait peur de mal faire. Elle s'est assise sur un banc, fragile comme une feuille, et elle nous a regardés jouer. Et puis elle a fini par sourire faiblement quand j'ai poussé Léo sur la balançoire et qu'il a hurlé : « encore, ma Clo, encore, je vais bientôt toucher le ciel ! » Et il rigolait. C'est ce rire cristallin, qui roulait comme une cascade, qui nous a émues. Il riait à gorge déployée. Avait mis fin à son éternel monologue. Souvent les gens s'arrêtaient pour le regarder, tête en arrière, bouche grande ouverte, comme s'il voulait aspirer les nuages. J'aimerais l'écraser de baisers. Je n'ose pas faire le premier pas. C'est toujours lui qui saute dans mes bras. J'ai peur de le blesser. Qu'il me repousse. C'est la seule personne au monde dont je ne supporterais pas d'être éloignée. J'ai de la chance, il adore mes câlins. Je ne pensais pas que je serais capable de le comprendre, de l'apprivoiser. Avec lui, d'instinct je sais.

Aujourd'hui, elle s'est levée. Elle a pris ma place derrière la balançoire. Il a cessé de rire. Fermé les yeux. Respiré avec délice le parfum de sa maman. L'extase. Le bonheur complet. Je me suis retrouvée un peu bête, les bras ballants, ne sachant que faire de mon corps devenu encombrant. J'ai filé sur le banc de pierre. Bouquiné. J'écoutais le grincement de la corde. Une brise légère soufflait. Je me suis jetée dans la lecture comme sur une gourmandise, le livre de poche collé sur mon menton.

Jour 365

Voilà. Cela fait un an que je suis ici. À Bordeaux. Je pensais être la seule à fêter cet anniversaire. J'ai même acheté une bougie parfumée. Eh bien non ! Ma tante. Ma bonne fée. Toujours bougon et revêche. Et pourtant un cœur d'or. Tellement sensible et fine à la fois. Elle a organisé un petit verre de l'amitié dans son appartement. Traduction : cristal de Roederer, merveilleux toasts et macarons multicolores, canelés de chez Baillardran, vaisselle en argent rutilante sur lourds plateaux. Service en habit. Comme une ronde autour de son lit et dans le plus grand secret. Tout l'immeuble était là. Enfin, ceux qui y vivent encore. J'ai craqué pour les bulles et les gâteaux. Une entorse à mes nouvelles règles de vie, infligées de gré ou de force par Sophie et Sarah. Mais c'était tellement bon ! Cela m'a rendue très gaie. J'ai même perdu de ma timidité. J'ai pu adresser quelques mots à chacun. Il y avait le beau docteur. Il m'a trouvée en forme. Un vrai compliment. Thérèse était très heureuse. Rayonnante dans son lit d'albâtre. Je crois que cela a redonné vie à notre petite communauté.

Jour 377

Élisabeth est venue me chercher pour aller en ville. Elle a décrété que je devais acheter des lunettes. Elle aime la lecture. Nous avons cette passion commune. Elle a décidé que je devais épargner mes yeux pour pouvoir lire longtemps. Que c'est effrayant de me voir avec ce livre collé sur le nez. Que nous sommes aux temps modernes. Elle avait l'air furieux. Je crois qu'elle en veut terriblement à mes parents. Elle ne le dit pas, pas son style, mais elle marmonne au sujet de ma vue, de sa correction nécessaire, vitale... de toute cette attention dont j'ai manqué... C'est comme si nous partagions la même histoire. Cette même solitude.

Je pense pourtant que c'est différent. Juste le contraire, en fait. À bien y réfléchir, c'est moi qui ai abandonné mes parents. Je les ai laissés là, avec leurs doutes et leurs reproches, pendant que moi, je partais respirer ailleurs. C'est vrai que nous ne nous comprenions pas. Comme deux lignes parallèles, nous ne pouvions plus nous rejoindre. Le simple fait de me voir les rendait malheureux. Surtout ma mère. Je me suis torturée en me demandant pourquoi ce dégoût permanent. Oui, je suis grosse et moche. Eh oui ! elle a fait comme toutes les mères, de son mieux pour concevoir une enfant parfaite. Eh oui ! je suis décevante à cet égard. Et c'est injuste, car elle-même n'était pas si mal. Plutôt bien de sa personne. Mon père aussi d'ailleurs. En dépit de cela, je suis venue sur terre comme une tortue, encombrée d'une carapace. Qui rentre la tête quand le monde extérieur est trop douloureux. J'ai essayé de leur faire comprendre qu'ils n'y pouvaient rien. Que j'étais maladroite et disgracieuse malgré eux. Malgré moi. Que je ne leur en voulais pas. Que l'essentiel était mon amour pour eux. Ma bienveillance les rendait encore plus fous de douleur. Ils m'auraient préférée méchante, agressive, mordante. Je n'ai jamais pu. Quel enfant n'aime pas ses parents ? Tous s'adaptent. Bienheureux de ne pas être seuls sur terre. Ils restaient taiseux. Pensant que je ne comprenais pas. Étonnant d'imaginer que les personnes disgracieuses n'ont pas conscience de leur laideur. Je l'ai toujours su, évidemment. Même si j'ai préféré considérer cela avec indulgence. Comment survivre sinon ? Et c'est finalement cette miséricorde que je leur ai jetée au visage en partant. Je croyais les libérer. Les soulager. Leur redonner cette envie de partager de nouveau. De vivre. Je les ai rendus fous de douleur face à un nouveau malheur, celui de la perte d'un enfant. Silence. Remords.

Plus j'y pense, et plus je sais que là est la vérité. Mon départ était sans doute trop violent, interdisant les retrouvailles. Toutes ces années à se demander s'ils ne m'avaient pas enterrée vivante. Je voudrais leur dire que le temps n'efface rien, mais que nous pouvons reprendre notre histoire. J'avais besoin de cette solitude pour donner un sens à ma vie. J'envisage parfois de leur parler, sans trouver les mots justes. Je les crois finalement trop blessés.

Ma tante les a appelés pour leur confier que j'étais à Bordeaux. Elle, si radicale, qui les a toujours détestés, a pris son téléphone pour les rassurer. C'est ce qui m'a fait réfléchir. Ce geste généreux. Juste pour leur dire « elle est là ». L'enfant perdue est retrouvée. J'étais paralysée. Incapable de ressentir quoi que ce soit. Apathique. Ailleurs. Il faudra bien les revoir… Un jour.

Élisabeth m'a donc accompagnée. On ne lui demande jamais ce qu'elle souhaite. Cela semble évident. Étrange. Elle me paraissait si douce. J'étais encore en train de calculer où poser mes pieds pour ne rien renverser qu'elle était déjà au comptoir. J'ai d'ailleurs réalisé, à cet instant, que c'était sans doute mes yeux qui perturbaient mon équilibre, plutôt que mes grands pieds. Ces trouvailles me réjouissent toujours. Comme si un secret de l'univers se révélait à moi !

Élisabeth s'agitait, montrait des modèles à grand renfort de gestes agacés. Je crois qu'elle essayait de me protéger. Défense de critiquer. Obligation de résultat ! J'ai finalement opté pour une paire de lunettes rondes et vermillon. Puis des violettes pour un euro de plus. J'avoue que l'effet était au-delà de mes espérances. Il faut dire que je portais ma veste kimono chinois bleu sombre et que l'ensemble était bien assorti. J'avais un style ! J'ai découvert des cheveux longs, hirsutes et noirs, et des yeux couleur indigo. Ainsi qu'un gros hématome sur ma joue qui s'étirait en lignes noirâtres vers la paupière, vestiges de ma dernière et douloureuse chute à vélo. Je grimaçais devant le miroir, oubliant que j'étais accompagnée. Mon nez n'était pas très élégant. Mes lèvres étaient charnues et mes dents par chance blanches et alignées. Miraculeux pour une fille qui n'a pas eu le temps de les avoir baguées.

La jeune femme m'a expliqué que les verres n'étaient pas vraiment adaptés à ma vue, mais que c'était assez proche, et que, bientôt, j'aurais mes lunettes définitives. Ce n'était pas très grave. J'ai pu ainsi constater que mes traits sont moins désastreux que le reste de mon être. Certes, mon nez ressemble plutôt à une excroissance et l'ossature de mon visage manque d'harmonie. Des creux et des bosses qui n'auraient pas dû être. Mais mon regard de myope est énigmatique. Grâce à ces nouvelles lunettes, j'ai relevé un aspect positif de mon physique. Cela ne révolutionne pas ma vie, mais la rend moins désespérante. Toute la problématique va être de résister à la curiosité d'observer mon corps dans son ensemble. J'ai jusque-là refusé d'y apposer mes mains pour ne rien savoir. Mais le regard, cela devient plus délicat d'y échapper. C'est parfois tellement rapide. On passe devant un miroir ou une vitrine sans scruter ni s'appesantir, mais le cerveau enregistre des images qui nous reviennent ensuite par séquences.

Par contre, je vais pouvoir lire des nuits entières. Me perdre dans la lecture jusqu'à ce que mes yeux se ferment et que l'esprit finisse la route de l'écriture. C'est magique quand le corps lâche et que la tête continue sur la voie de l'imaginaire. Je cultive cette sensation même si le manque de sommeil me rend amorphe dans la journée. Il m'arrive alors de traverser la rue à la pause et d'aller dormir quelques minutes chez moi. Ce qui m'inquiétait, ces derniers temps, était que mon regard s'éteignait avant la lumière. Tout devenait flou et puis plus rien. J'appuyais sur l'interrupteur à tâtons. Fatigue oculaire, dit internet. Les lunettes vont faire merveille.

Jour 387

Depuis que j'ai des lunettes, Thérèse râle. Elle est furieuse, car je ne lui rends plus visite. Je me suis inscrite à la bibliothèque municipale et je lis les auteurs par rayons. Par étage. Par linéaires pour ne rien manquer. J'ai commencé par les romans. Lettre A. Tous les romanciers dont le nom débute par A. Toutes leurs œuvres. J'en relis certaines. Tant pis. Il m'arrive d'en dévorer plusieurs, de jour comme de nuit. Parfois je m'y précipite le soir, à la fermeture du CAPC. Cathédrale du livre. L'endroit est immense et gris. Tout béton. D'un côté, les étudiants en masse. De l'autre, les vieux qui surveillent les jeunes d'un œil peu amène. Trop de bruit. Je me laisse bercer par le grondement du mécanisme des escaliers roulants. Vaisseau fantôme. Je déambule dans les étages. Connais tous les recoins. La folle qui s'installe à l'accueil tous les jours et marmonne ses litanies, d'énormes sacs posés autour de ses pieds. Les conservateurs pressés qui s'activent dans les rayons. Les étudiants studieux. Je me glisse parfois dans l'amphithéâtre, au rez-de-chaussée, sans même consulter le sujet du jour. Juste pour assister à une conférence. C'est une immense liberté que d'écouter cet inconnu religieusement, sans ne rien savoir de lui, au milieu d'admirateurs attentifs. Cet endroit m'envoûte. Comme si je rattrapais là mes études avortées. Ce temps précieux que j'aurais dû leur consacrer.

Seul Léo me fait lâcher prise. J'ai choisi des ouvrages pour lui lire des histoires. Il s'installe en boule autour de son chat et je crois les entendre ronronner tous les deux.

Jour 389

Je suis allée récupérer mes lunettes définitives avec Élisabeth. Elle a pris son mercredi pour m'accompagner et passer du temps avec son fils. Elle m'a demandé de le garder le soir. J'adore le coucher dans mon petit appartement. Je n'ose pas rentrer chez les gens. Il descend en pyjama. Comme un grand. On prépare une dînette. Des batailles s'enchaînent sur mon matelas posé à même le sol. On se raconte des histoires dans le noir. Il vient se coller contre moi. La tête au creux de mon coude. Je ne suis plus jamais seule. Cet enfant dans mes bras me redonne des heures de vie. D'immortalité.

Élisabeth voulait aller au cinéma. J'étais stupéfaite. Elle semblait ne jamais avoir pris le temps d'un loisir. Elle a rosi en me le confiant. J'ai senti qu'elle avait envie de m'en dire davantage. Faire de moi son alliée. Elle s'est épanchée librement.

D'abord, elle avait fini par retrouver Bernard et lui parler. Il s'était installé dans les Landes où il avait hérité d'une maison familiale. À Hagetmau. Elle savait qu'il retournerait un jour dans son village natal. Il était heureux là-bas. En paix. Il aimait les coins perdus. Le silence profond. L'odeur de la terre. La lenteur. Elle l'avait converti à la ville. Elle était urbaine jusqu'au bout des ongles. Il détestait cette vie. Respirait mal. Courait entre les voitures. L'agitation. Tournait en rond au Jardin public comme un poisson dans son bocal. Il avait longuement discuté avec les aînés de la fratrie avant de prendre sa décision. Il pensait partir seul. Commençait à les sensibiliser à cette éventualité. Les enfants avaient compris. Ne souhaitaient pas se retrouver livrés à eux-mêmes. Ils l'avaient supplié. Suivi. Ils avaient toujours tout fait ensemble. Ils voulaient que cela continue. Ils aimaient leur mère, mais elle était absente de leur quotidien. Elle ne pourrait pas trouver de travail à la campagne. Serait malheureuse. Bernard n'avait pas pu parler à Léo. Il se sauvait dans l'escalier. Sentant venir le choix. Fuyant la discussion. Léo n'avait pas envie de grandir. Et puis Bernard s'était éloigné à son tour au fil des mois. Il avait baissé les bras. Avait aimé une autre femme en secret. Désirait vivre. Sans concession.

Élisabeth m'a raconté tout cela avec rapidité et détachement. Comme la dictée d'un article de presse. Un bilan. Des faits. Que des faits. Elle s'est sentie soulagée. Libre de respirer de nouveau. D'ailleurs, cette liberté retrouvée l'a transformée. Elle a rencontré quelqu'un. Elle est épanouie. Je ferai bientôt sa connaissance. Elle s'appelle Yasmine. Tout cela murmuré dans un souffle.

Là, le sol s'est ouvert sous mes pieds. Je ne sais qu'en penser. J'ignore si cela est choquant ou non. Si Léo en sera heureux ou pas. Élisabeth est une femme libre aux apparences conventionnelles. Il semble que rien ne lui fera renoncer à ce nouveau bonheur. J'ai bien conscience que cette nouvelle est détonante. Je me demande comment réagir. Je suis donc restée, comme à mon habitude, taiseuse. Figée. Me réfugiant dans mon crâne, faute de carapace.

Élisabeth n'attend rien de moi. Ni conseils ni avis. Sauf l'amour de son petit. Une priorité. Quelques gardes d'enfant que j'accepte de faire jusqu'à plus soif. Avec bonheur.

Jour 395

Ma tante est au courant pour Yasmine. Élisabeth lui a présenté sa nouvelle compagne. Préférant le faire avec ses mots. Elle vivait déjà partiellement dans l'appartement. Autant ne pas perdre de temps quand il y avait un peu de bonheur à prendre, lui avait avoué Élisabeth.

Thérèse est ravie. Toute histoire tricotée sous son toit la rend folle de joie. Yasmine a vingt-huit ans. Des cheveux noirs épais qui balayent ses reins. Une ligne parfaite et androgyne. Un aspect timide mais déterminé. Elle est avocate. Une intelligence fulgurante. Une vraie passion pour le labeur et la cuisine. Ses petits plats sont un pur délice. Elle s'est installée dans l'immeuble avec aisance. Nous avons tous le sentiment de la connaître depuis toujours. Elle est arrivée sans bruit. Je l'imagine repartir dans le même silence. Libre. Posée, le temps d'une saison.

Seule Claudie a fait quelques remarques sexistes. Elle n'aime que les garçons. Sexuellement, j'entends. Elle est finalement trop conservatrice, malgré ses allures délurées, pour admettre qu'une fille intelligente et sensée puisse s'éprendre d'une autre ! Je n'ai pas d'avis. Je ne connais rien à l'amour.

Jour 398

Avec mes lunettes, je revis. Je ne tombe presque plus et, surtout, je peux lire à l'infini. Toujours lettre A à la bibliothèque. Pour une année encore sans doute. Mais quel bonheur ! À la lecture de l'ensemble d'une œuvre, je découvre les thèmes obsessionnels des auteurs. Ils ne peuvent pas les cacher. Cela vient s'entortiller dans chaque ouvrage.

On touche du doigt leurs souffrances. Névroses. Angoisses.

Depuis mes lunettes, je me regarde. Il y a un miroir dans les toilettes du musée. J'y distingue mon torse et mon visage. Mes mains, mes cheveux. Je m'habitue à moi. C'est mieux que de me tourner le dos. Même si ce que j'entrevois n'est pas toujours réjouissant. Je découvre aussi les autres.

Blandine de Béline est encore plus belle que je ne le croyais. Traits dessinés au pinceau chinois. Je la trouve plus douce. Presque une enfant.

Mon amie Claudie, aussi. Sa peau est si fine. Comme celle d'un nouveau-né. Ses lèvres ourlées. Je n'avais pas remarqué ce pli délicat au bord de sa bouche. C'est rare et irrésistible à la fois. Je comprends cette attraction fatale de la gent masculine. Son teint poudré. Ses seins ronds. Son grain de beauté sur la poitrine. Juste à l'encolure du tee-shirt. Un ange. Mon ange. Elle s'est installée dans l'appartement de Stanislas depuis le départ de la Dame et des enfants. On dirait qu'ils ont quinze ans et qu'ils vivent leur premier amour, passionnel et charnel. Lui semble libéré à présent. Étrange. Comme s'il avait tenté d'être un bon père et un bon mari. Sans succès. Je me suis demandé s'il n'avait pas tout fait pour échapper à sa situation. Une prison pour lui. S'il ne s'était pas fait prendre en conscience. Une libération humiliante mais nette. Sans retour. Il n'a pas revu ses enfants depuis. Il ne le souhaite pas. Claudie n'en veut pas non plus. Leurs solitudes se sont rencontrées. Ils partagent dorénavant le même lit et la même armoire. Les mêmes DVD. Ils n'ont pas renoncé à leurs libertés. Lui, dans ses voyages. Elle, dans ses absences. Elle garde son appartement pour quand il part. Elle ne l'aime pas assez pour se contenter de ses odeurs, m'a-t-elle confié. Pas d'aliénation, m'a-t-elle expliqué. Cela tue la jeunesse. Je suis restée songeuse lorsqu'elle m'a exposé ses théories. Elle m'a caressé gentiment la joue. « Je sais, Clo, que tu es différente et que tu ne me juges pas. Je suis ainsi. Je ne suis à personne. »

Elle vient toujours partager mon thé à la pêche le soir, même si elle reste peu. J'aime l'écouter. Elle est « en vie ». Ensuite, je lis jusque tard dans la nuit. Elle me manque, mais je suis heureuse. Je la trouve apaisée. Elle m'a tellement donné. L'espoir, la joie, l'oubli. Et assez d'amour pour me réveiller. Me permettre d'avancer sans elle.

Jour 401

Mes ateliers du mercredi ont commencé. Quatorze inscriptions. Les parents viennent me parler. Me raconter leurs enfants. Ils me sourient. Sont aimables. Certains semblent soulagés de me les confier et s'enfuient. Comme pour souffler. Comme s'ils abandonnaient un poids. Une chaîne. Des mères au regard fatigué. Quelques rares pères pressés. Parfois, j'ai peur qu'ils ne reviennent pas. J'y pense, comme une sorte de fulgurance qui traverse mon esprit. Mais non. D'autres s'installent et discutent entre eux. Ne veulent pas partir. Cherchent à savoir. À comprendre. À garder la main. Les enfants s'échappent alors à l'opposé de la pièce, gentiment. Pour dire qu'il est l'heure de les laisser grandir. Nous avons débuté notre après-midi par une lecture. Ensuite, j'ai créé des jeux de devinettes et des activités de dessins, de peinture, de collages. On travaille comme dans un atelier d'artiste. Comme si le maître nous regardait. J'ai commencé par Matisse. Il est réjouissant. Compréhensible. Équilibré. Je ne veux pas de visages difformes et effrayants. Je suffis à cela. Les enfants sont étonnants. Ils paraissent touchés par la grâce, mais sans jugement sur la disgrâce. « Bon, elle est grosse et alors… », semblent-ils dire avec leurs grands yeux. Ils ont déjà assumé leur différence en allant se frotter à l'art contemporain, plutôt que de se mesurer à la piscine ou au foot. Le reste ne compte pas. Il faut par contre qu'ils s'amusent. Ils sont vifs. Rapidement saturés. J'enchaîne les activités. Très vite. Ils aiment écouter la musique, des histoires et tripoter des objets… J'ai même porté l'ordinateur de Claudie en attendant le mien. Ainsi, ils surfent sur les sites d'artistes. Certains sont très ludiques. D'autres pompeux et ennuyeux. Ils consomment. J'ai parfois l'impression d'avoir des robots scanners face à moi. Ils rigolent en douce en voyant des fesses. Ils s'agitent sur leurs tabourets devant les femmes nues. Ils n'aiment pas les portraits anciens et rigides. Ils s'inspirent de l'imaginaire du Douanier Rousseau. Patouillent les couleurs.

Nous étions concentrés sur nos découvertes quand le Président est entré dans la Librairie. Il est venu s'asseoir en tailleur à côté de moi. Kar Bronski, vêtu d'un costume Paul Smith en fine flanelle bleu sombre avec chemise blanche immaculée, empesée. Un bouton ouvert. Peau ébène, lisse comme un marbre. Chaussettes noires en fil d'Écosse et mocassins brillants comme des miroirs. Kar B. et sa longue main posée sur mon épaule, l'autre appuyée sur la tête d'un gamin tout en me disant : « continuez, très chère, ne changez rien pour moi. » Juste une phalange qui touche mon épiderme. Ongle bombé et rosé. Température surnaturelle. Et moi, paralysée. Sans souffle, ni salive. Presque morte. Pas même la force de le saluer. Cette paume brûlante pesant sur la manche de ma veste chinoise, bleue. Son parfum au vétiver. Sa façon de me serrer le bras et de faire glisser le livre sur ses genoux pour continuer cette histoire à ma place. Le temps que je reprenne mes esprits.

Mon cœur qui ralentit. Des battements imparfaits. Affolés. Sa voix envoûtante. Profonde. Résonnant sous les voûtes de pierres blondes. Ses jambes fuselées, croisées en tailleur, posées sur mon tapis de faux cuir tressé. Indigne de lui. Il raconte. Il n'est plus dans le texte. S'est évadé. Les enfants le suivent. Les yeux brillants. Comme l'envol des oiseaux. Une patrouille. Haletante devant ce conte étrange. Et puis je me laisse emporter à mon tour. Je ne peux me lever avec aisance. Même de mon petit cube. Je pourrais vaciller et tomber. Alors, je reste posée là. Suspendue à cette histoire. Et puis tout s'est arrêté brusquement. Cinq personnes, caméras au poing, sont entrées dans la pièce précédées de Blandine de Béline. Robe voluptueuse. Soie crème dansant sur ses chevilles fines et diaphanes. Talons vertigineux. Ongles vernis rouge sang. Lèvres assorties, plutôt carmin. Regard perdu balayant la scène. Amoureuse. Transie. Ils ont tourné autour de nous. Kar continuait sa lecture, imperturbable. Léger sourire en coin en constatant son émoi. « C'est LaCinqArte, ils font un spécial « culture éduc », vulgarisation de l'enseignement, apprentissage des nouvelles matières hors du contexte scolaire, gratuité des musées… etc. », lui a-t-elle soufflé. Elle lui a caressé la joue, je crois. J'ai senti son odeur de poudre de riz et de rose. Un autre temps. Ils se sont installés bruyamment avec tout leur matériel. Pieds, caméras, éclairage, câbles qui courent. Les enfants étaient comme des oiseaux. Excités. Ils piaillaient. Voulaient donner leur avis. L'histoire s'est évaporée. La Librairie est devenue une volière. Alors, ils ont interrogé les gamins, fous de joie. Tellement heureux de passer à la télé. Fiers déjà. Puis le Président et la Directrice ont pris la parole, en alternance, avec une telle aisance qu'on aurait pu croire qu'ils avaient répété. Il s'est exprimé sur la politique, elle, sur la culture. Il a dit que c'était grâce à elle. Elle, que c'était grâce à lui. Ils ont évoqué ce nouveau programme d'enseignement avec ferveur, soulignant cette immense volonté qui permettait de faire adhérer des publics socialement défavorisés. De mixer. Ils ont abordé la diversité et d'autres mots qui m'ont échappé. « Une porte ouverte », répétait B. de B. avec emphase.

Je me suis cachée dans les rayonnages. Je savais qu'ils avaient assez de réponses. C'est le Président qui y tenait. Il a affirmé en élevant la voix que j'étais l'instigatrice de ce projet. Je me suis retrouvée avec un micro sous le nez, collé au menton. « Donnez votre nom et titre, s'il vous plaît, Mademoiselle », a demandé la journaliste sans détour. Mon nom, je savais. Mon titre ? Je n'en ai pas. Vendeuse. Libraire, je ne peux y prétendre. Animatrice. Je n'en ai pas les diplômes. Autodidacte. C'est mon seul talent. Celui que je peux revendiquer et affirmer. Mais ce n'est pas une fonction. Pas d'étiquette alors. Je ne suis pas grand-chose dans cet environnement professionnel aux titres ronflants. Je sais juste où est le bien et ce qu'il faut pour instiller du bonheur. Pour regagner l'espérance. J'ai trouvé ces clefs en feuilletant des livres d'art. En plongeant dans la vie des autres. De ces peintres et sculpteurs. Vibrant. Vivant. J'ai capté leurs troubles. Leur souffrance. J'entends leurs voix. Voilà ce que je veux. Que les enfants puissent entendre à leur tour la peinture. Le frottement du pinceau et de la conscience qui trace le trait. Le collage. La déchirure. La rupture. L'émerveillement. La blessure. La fragilité. La lassitude. La torpeur. Les larmes et les éclats de rire. L'inspiration. L'attraction. La folie. L'Art dit tout cela. Peu importe les noms, les siècles, les titres, les expositions, les commissaires, les curateurs. Il est question là de mettre des couleurs sur les émotions et alors le monde se portera bien.

Voici précisément ce que j'ai expliqué à cette jeune femme pressée, aux cheveux blonds avec un drôle de bandeau pour les retenir. Elle s'est tue ensuite. Elle a juste retiré le micro comme pour me débrancher. Cela m'a stoppé net. Je me suis demandé ce que j'avais réellement pu raconter. Si mon propos était cohérent. Si c'était vraiment ce qu'il fallait dire. Si je n'avais pas été trop loin. Si je ne l'avais pas effrayée. Elle semblait pétrifiée. Je sais que je peux faire peur. Je parle peu en général et j'ai beaucoup de difficultés à canaliser ma passion. C'était comme un flot, toutes ces paroles. Ce que j'avais gardé en moi pendant des jours, lorsque je frottais les planchers, que je tapais mon dossier sur l'ordinateur bonbon de Claudie des nuits entières pour paraître pragmatique, claire. Et là, tout était parti. Mes rêves. Mon passé. Mes souvenirs quand je faisais glisser les pages lisses des livres d'art. Je suis revenue à moi lentement, mes doigts agrippés à une étagère en métal. Pour retrouver l'espace. Toucher le sol. Je les ai vus côte à côte. Appuyés l'un contre l'autre. Comme des parents. Le Président et la Directrice me fixaient en silence. Soudain, j'ai eu peur. Qu'avais-je fait ?

Ils ne m'ont pas parlé. Ils ont tourné les talons.

La vie a repris comme un film après un ralenti. Les adultes sont venus récupérer leurs enfants. Agités. Racontant des histoires de tournage et de héros de cinéma. On allait les voir à la télévision. Il fallait le dire aux copains, à la famille. Ils m'ont posé des questions sur leur progéniture. M'ont demandé mon avis. À moi. J'avais traversé une trentaine d'années dans la plus totale transparence. Malgré ce corps hommasse. Soudain les gens me questionnaient et s'intéressaient à mes réponses. Cela m'a interpelée. M'a soulagée. M'a rendue heureuse et nostalgique à la fois. Comme si cette solitude qui s'était inscrite dans mes chairs me rappelait à l'ordre. J'avais cette tristesse imprégnée en moi. Il fallait que je m'en débarrasse. Que j'oublie ce temps. Cette imposture qui toujours me menaçait. Cette conviction profonde selon laquelle je ne serai jamais à la hauteur.

Ils sont tous partis.

La pièce était dévastée. Comme après un cyclone. J'ai aimé ranger ce désordre. C'est joyeux le désordre.

Jour 413

Ce matin, j'ai trouvé quatre boîtes carrées sur mon bureau. Transparentes. Des petits bristols à l'intérieur. Des cartes de visite ornées du joli logo du CAPC et sur lesquelles était imprimé :

Clotilde Daquin d'Arsac
Chargée de promotion et d'animation
clodarsac@gmail.com

J'avais un nom, un titre, une adresse. J'étais une personne et une fonction à la fois. J'étais quelqu'un aussi. J'étais touchée. Plus émue que fière. Tellement étonnée que ma vie se construise. Devienne utile. Productive. Que j'aie une place. Que je ne sois plus seulement un déplorable accident pour les autres. Que je sois choisie, finalement. Et par les meilleurs. Ils avaient vu en moi un espoir, un intérêt. J'étais heureuse. Contrairement à mes habitudes de recluse dans mon terrier littéraire, je me suis précipitée pour aller remercier ma Directrice. Je crois que cela devait se faire en de telles circonstances. C'était une reconnaissance. Je devais le souligner. J'avais réussi à monter les escaliers sans bruit. Je commençais à savoir bouger avec l'air. Pas contre les éléments. Je maîtrisais de mieux en mieux mes mouvements et pouvais passer inaperçue malgré mon volume. Je voyais depuis peu mes pieds, ce qui m'aidait dans mes déplacements. Comme je pratiquais régulièrement des exercices physiques, j'avais cessé de suffoquer comme un chien haletant. Il m'arrivait de monter l'escalier sans que mon cœur ne se contracte douloureusement. Ils ne m'ont pas entendue. J'ai tout de suite su qu'ils parlaient de moi.

« Tu ne crois pas que tu en rajoutes un peu là, non ? Certes, elle a des qualités, raison pour laquelle je l'ai embauchée. Mais de toi à moi, inutile de faire l'éloge de la disgrâce ! » susurrait la Directrice.

Il y a eu un long silence puis le Président a repris la parole. Je me rappelle de chacun de ses mots. Ils sont gravés en moi comme ces belles images des livres d'art.

« Ma grand-mère me racontait une histoire, enfant, quand j'allais me coucher. Elle me parlait d'un village d'Afrique dans lequel le sorcier M'balla était tombé malade. Ce qui n'arrivait jamais et laissa les gens du village totalement désemparés. Alors que M'balla dépérissait, ils commencèrent à se battre. Pour des broutilles. Un poisson pas assez gros, une pluie qui durait trop longtemps, un grand-père qui avait trop bu. Tous les détails du quotidien devinrent source de conflit dans les familles, entre voisins, même entre enfants, eux qui autrefois restaient à distance des palabres des parents. La vie de la communauté était rapportée aux alentours et tous les grands voyageurs faisaient désormais un détour pour éviter les cris, les jarres qui se fracassaient contre les arbres, les chiens qui mordaient. Le village était à feu et à sang et, chaque jour, la violence gagnait du terrain.

Quand vint à passer un vieil homme porteur de nouvelles de la ville. Les villageois, curieux, lui firent une place autour du feu. Il évoqua la capitale et ses conflits nés entre deux ethnies, de part et d'autre de la rivière. Il ignora volontairement de mentionner la discorde qui régnait dans ce village depuis la maladie du sorcier.

— Heureusement, dit-il, nous avons été sauvés par la carapace de la tortue. Sans elle, nos peuples se seraient déchirés jusqu'au dernier d'entre nous.

— La carapace de la tortue ? s'exclamèrent les villageois en chœur. Mais qu'est-ce donc que cela ?

— C'est une grotte, précisa le vieux sage.

— Une grotte ? Et alors ?

— Eh bien ! elle parle. Elle écoute les complaintes et propose une issue. Il suffit d'y passer une nuit et d'énoncer son angoisse à haute voix et le lendemain matin, à son réveil, on trouve des amulettes qui offrent la solution à tous les malheurs.

— Ah ! Ah ! s'étonnèrent les villageois, mais qu'a-t-elle de particulier, cette grotte ?

— Elle n'a pas d'histoire.

— Comment cela, pas d'histoire ?

— Elle est si lisse et si pure à l'intérieur que les maux et les reproches ne peuvent s'accrocher sur ses parois. Râpeuse et repoussante à l'extérieur, elle est douce et tendre comme une pierre à savon, dedans. Rien ne reste du passage des malheurs précédents. Cette grotte est apparue lors du dernier cyclone et depuis, tout le village est en paix.

— Mais qui s'y cache ?

— Certains disent que c'est une vieille prêtresse qui se terre là depuis que le temps a fait son œuvre sur son visage et que sa sagesse sait apaiser ses semblables. D'autres pensent

qu'il s'agit en fait de toutes les femmes de la tribu. Elles s'y cachent à tour de rôle. Et comme chacune autorise la suivante à connaître ses secrets, elles sont liées à jamais. Depuis, paix et bienveillance règnent dans nos cases. »

Ainsi a-t'il achevé son récit. La directrice a alors renchéri :

« Eh bien ! très cher griot, que souhaitez-vous me faire passer comme message ? Qu'il y a tant de pureté dans cette carapace de tortue que c'est une chance pour ceux qui s'en approchent ? Le reste ne compte pas ? »

C'est sur cette dernière phrase que je suis partie. Après, je savais qu'il y aurait quelque chose autour de la séduction comme « Miroir, mon beau miroir… », et je ne voulais pas entendre cela. Je venais juste de recevoir le premier compliment de ma vie. Certes, mon corps offrait une enveloppe décevante, mais cet homme rare avait lu en moi une profondeur lumineuse. J'étais, selon lui, à l'inverse de la plupart des gens. Râpeuse à l'extérieur et attirante à l'intérieur. Capable de réconcilier les êtres et de créer l'harmonie autour de moi. Voilà qui me laissait pantoise. J'avais déchaîné tellement de haine durant mon enfance ! Je m'étais souvent interrogée face à ces méchancetés, cette cruauté ! Je me disais que cela devait forcément venir de moi. De ce qui sortait de mon corps. Et que cette odeur qui suintait parfois de ma peau devait être le fruit de mes pensées profondes. Des abysses pétris de noirceur et de désillusion qui m'habitaient. Tous ces signes m'avaient laissé penser que je ne valais rien. Et que finalement, cette terrible laideur n'était autre que le reflet de mon âme sombre.

Cet homme sage venait de dire le contraire. De m'offrir la clef. Un monde nouveau s'ouvrait à moi. J'ai alors commencé à pleurer. J'ai pleuré trente années de peurs et de doutes. De sentiments contrariés. De certitudes qu'une flamme brillait en moi, mais que jamais personne ne la verrait. Que je n'aurais pas la force de l'affirmer, de le hurler. Il me manquait pour cela le regard bienveillant d'un autre pour m'aider à tenir debout et m'accepter enfin. Des larmes d'enfance, abondantes et bruyantes. Mais pas plus loin que la grille de l'école de Léo. Car je me suis offert le luxe d'aller le chercher. Cela faisait des jours que je m'attardais à la Librairie. Je finissais invariablement après la sortie des classes. Il m'avait même demandé si, maintenant que je travaillais, je rentrerais aussi tard que sa mère. Je me sentais coupable. Ne pas l'abandonner. Encore. J'avais filé. Laissant le désordre pour le lendemain.

Aux abords du grand portail, je me suis placée un peu en retrait pour ne pas gêner les gens. Ni Léo, d'ailleurs. Devant, les jolies mamans arrivent régulièrement dix minutes plus tôt pour retrouver leurs copines avec qui elles chuchotent longuement. Jusqu'à ce que les enfants les tirent par la manche pour aller au parc ou goûter chez leurs camarades. C'est comme dans la vie, devant les écoles, il y a un ordre à respecter. Et celles qui viennent de temps en temps le savent bien. Ce sont les fidèles qui sont les premières à la grille et qui saluent les professeurs. Ce sont elles qui animent la kermesse et les sorties scolaires. « Les autres n'ont pas le temps », disent-elles en ricanant… Parfois, les papas se montrent. On les trouve formidables. On leur parle dans une ronde joyeuse. Il se lie là d'étonnantes amitiés portées par une fierté partagée autour des enfants. Derrière les mères engagées et les pères passagers, le personnel divers et varié des filles au pair, femmes de ménage, employées de maison et baby-sitter attend en retrait. Tout ce monde se règle à la perfection et entretient des codes que tous connaissent sans les avoir jamais définis.

Je ne suis pas maman. Je reste toujours en retrait de cette petite assemblée parce que je sais que les gens me trouvent étrange. Ils n'osent pas me saluer, encore moins être à mes côtés. Je ne veux pas de ce regard sur Léo. Comme tous les enfants que l'on attend rarement devant les grilles, il est sorti très lentement en traînant les pieds. Bien après les autres. Trimballant son énorme cartable. Son visage s'est transformé en me voyant. Un sourire radieux avec un mince espace entre les dents pour laisser passer le bonheur. Il m'a serrée très fort et longtemps en attrapant ma jambe et en enroulant ses bras autour, comme un petit singe. Il répétait « super, t'es venue ». Les yeux fermés, comme pour mieux déguster. Nous avons filé au Parc pour goûter. Je me suis assise et il a sauté dans l'aire de jeu. C'est ce qu'il aime. Sentir que je suis là, que je le regarde, et me montrer tout ce qu'il sait faire. Un vrai ouistiti.

Jour 460

Je suis convoquée à la mairie. J'ai peur. C'est comme quand un policier nous regarde. On balaye mentalement tout ce que l'on a pu faire en se demandant où est l'erreur. On se sent fautif. Puis soulagé. Ridicule. Je sais. « C'est une simple réunion de travail », a voulu me rassurer l'assistante de la Directrice. Un chemin de croix. Je n'ai jamais pris la parole en public. Je ne me suis jamais assise avec des gens autour d'une table. Je n'ai jamais été considérée comme l'égale des autres. On ne m'a jamais demandé mon avis et je n'ai rien à dire. Alors, hier soir, je suis allée voir mes coachs ! J'étais tétanisée.

Ma tante voulait tout d'abord savoir qui me convoquait. L'élu à la culture. Pourquoi pas ma hiérarchie ? Parce qu'ils n'ont pas le temps et m'ont affirmé que c'était la place de la chargée de promotion et d'animation. Parce que oui, ma tante, je ne suis plus femme de ménage ou caissière dans ma Librairie. Maintenant, j'ai un titre que j'ai trouvé étrange, mais qui fait toujours de l'effet. Je crois que personne ne sait vraiment ce qu'il représente, mais il impressionne.

Elle m'a félicitée très sobrement. Ce qui signifie qu'elle était particulièrement fière de moi.

— Quel est l'objet de cette réunion ? m'a-t-elle demandé.

— Médiation culturelle autour des publics jeunesse, lui ai-je précisé.

— Quel charabia ! Toujours aussi tordus, ces cultureux !

Ça, c'est Claudie. Je note ses phrases, car je ne veux pas les oublier. On dirait du Pagnol ! Elle ne peut pas s'en empêcher. Dès que l'on parle de culture, elle a les dents qui grincent. Elle est loin d'être idiote et elle ne déteste pas les artistes non plus, mais c'est plus fort qu'elle. Je n'arrive pas à savoir si c'est le monde de la danse de ses parents qui lui fait horreur ou les quelques sorties piteuses dans lesquelles l'ont entraînée ses vieux amants. Peut-être un mélange des deux qui lui laisse à penser que c'est un univers impitoyable, mal fréquenté et totalement superficiel ! Elle me dit que ce sont toutes ces dorures et le bataclan qu'il y a autour des choses simples. Ces « artisteries », ces lieux effrayants dans lesquels on se sent rejeté, jugé, catalogué. Inculte. « Les filles coincées qui se prennent pour des incarnations de la Joconde avec des looks pourris et un teint lavasse, les mecs qui s'écoutent parler devant des tonnes de gens qui font semblant de comprendre quelque chose. Des spécimens qui, quand tu les regardes, ne peuvent pas manger, dormir et faire pipi-caca comme tout le monde… Pas poss… Trop au-dessus des pauv'es réalités existentielles de nos vies merdiques. C'est comme Dieu. J'aime prier, mais déteste toutes ces péronnelles qui te donnent un coup de sac à main pour te piquer un bout de banc à l'église et qui ensuite font des simagrées à Marie en se mettant à genoux sur leurs rotules usées. Pas étonnant qu'elles ne se redressent plus ensuite. J'en ai même capté une en train de piquer un billet pendant la quête et de se le mettre discrétos dans la poche… non, mais j'te jure… Et ensuite, elle me jetait des œillades comme si j'étais Marie-Madeleine et que je lui volais l'air qu'elle respirait. Vieille peau. Pleine de méchanceté et de bondieuseries. Les pires. Pareil pour tes gars soi-disant éduqués. Qui viennent te farcir la tête avec « le sens » de ce tableau alors que tu as très bien vu que c'était un chewing-gum mâché collé sur une toile sale ! Et puis, va m'expliquer pourquoi, chez nous, à la télé, le mec des sports est super sympa et cool, et la gonzesse du cinéma une vraie peste qui encense les films incompréhensibles et critique ceux qui font rire et pleurer. Avec la certitude, quand elle parle du festival de Cannes, que c'est elle qui aura le César. »

Je l'ai regardée avec des yeux de cocker après cette tirade. Je sais que cela la ramène sur terre et qu'ensuite elle est de bon conseil, car elle est consciente que je suis désespérée.

— D'accord, Poulette, je t'accompagnerai à ta réunion à la mairie. Mais que ce soit clair, je ne mets pas les pieds dans cette cour du roi de France. Je te débarque du tram et tu gères, a-t-elle conclu.

Elle a bien voulu choisir mes vêtements avec moi. Pantalon noir, chemise noire aux genoux et grande veste en lin noire. Ballerines noires. Bijoux simples et imposants en argent.

Avec comme « pièce maîtresse », expression qu'elle adore, une très grosse bague carrée en métal qu'elle m'a offerte en prétendant que comme ça, j'aurais l'air d'une galeriste ! Elle était « en toc », m'a-t-elle prévenue, mais impossible de le détecter. C'était encore « meilleur » de voir le regard envieux des gens sur un objet de pacotille. Elle cultive ce talent précieux de trouver la rareté dans la plus grande simplicité et de dénicher une perle fine dans des boutiques infâmes et débordantes de « Made in lointain ». Claudie est ainsi. Instinctivement, elle sait. Appréhende chaque situation. Aime provoquer, car cela anime sa vie, mais sait exactement ce qu'attendent les autres. Ce qui les rassure. C'est intuitif. Un vrai caméléon. Elle s'adapte quand elle veut, comme elle veut. Déteste les conventions. Se nourrit des erreurs des prétentieux et pardonne toujours aux petits. Elle m'a tout expliqué. Comment poser mes mains. M'asseoir au centre de la pièce si elle était dressée en tribune, jamais devant, ni au fond, assez près de l'allée pour partir au cas où… et ne pas me coincer les pieds dans les chaises. Elle me connaît. Ne prendre la parole que lorsque nous ferons un tour de table, ne pas critiquer, articuler quand je m'exprimerai. Penser à la lumière pour qu'elle irradie autour de moi. Me concentrer sur les mots, ne pas me répéter, faire des phrases courtes. Elle parlait comme un livre de tous ces conseils et elle avait étonnamment arrêté de mâchonner son chewing-gum, de faire des fautes de français et de baragouiner comme un titi parisien. Elle savait tout de la pantomime du pouvoir. Quant au fond et aux arguments à développer, c'était mon problème, m'avait-t-elle seriné. Et ma tante de rajouter que je m'en sortirai très bien. Que je maîtrisais. Qu'elle avait confiance.

Il me manquait les recommandations des deux « S ». Mes voisines Sarah et Sophie que je ne voyais plus très souvent faute de ne plus me plier aux cours de gymnastique obligatoires. Je dois avouer qu'elles avaient été assez géniales, car il en avait fallu de l'énergie pour me remuer. Je les ai détestées jusqu'au jour où je me suis rendu compte qu'elles me sauvaient vraiment la peau ! Depuis que je fais du vélo, elles ont arrêté de me surveiller. Sophie me détaille encore avec son regard acéré. Elle paraît plutôt satisfaite de mon évolution. Elle me salue toujours avec un air inquisiteur en me donnant d'un ton sec : « 54 ? » J'ai enfin pu lui répondre : « 50,52 ». Elle sourit et rajoute : « Y a encore du boulot. Faut pas mollir ». Ces derniers temps, j'ai l'étrange sentiment que c'est elle qui mollit ! Depuis que son mari a quitté le foyer, elle semble avoir adopté un style passe-muraille. Elle traîne dans l'immeuble en jogging toute la journée aux dires de ma tante. Une âme en peine. Je ne pensais pas qu'elle y tenait autant.

Quant à Sarah, elle la suit partout avec un regard blessé et triste. On pourrait croire qu'elle a aussi perdu l'être aimé, ce qui n'est pas le cas puisque le sien est toujours là. Par contre, elle n'évoque plus son déménagement. Elle est comme statufiée. Incapable de reprendre sa vie. Paralysée par l'histoire de son amie. J'ai interrogé ma tante. Elle ne sait rien non plus et c'est bien la première fois ! Les « S » m'ont rappelé que je devais me tenir droite, respirer avant de prendre la parole et rentrer mon ventre après avoir pratiqué quelques exercices discrets de respiration.

Je suis prête pour cette réunion. Même si je tremble à cette idée.

Jour 465

Tout s'est finalement bien passé. Claudie m'attendait devant la porte du CAPC. Plaquée au mur. Une jambe en angle droit comme un flamant rose. Sa botte plantée dans la pierre. Nous avons pris le tram. J'étais désorientée. Je ne change jamais de quartier. Et ce tram ressemblait à un jouet qui brimbalait et se contorsionnait. Il évoluait lentement et offrait une vue grandiose sur les quais, puis cheminait dans les rues étroites avec aisance. Elle m'a fait asseoir. J'étais plutôt instable. C'est tout moi, ça. Je vis difficilement sur mes deux pieds quand le sol est ferme. En mouvement, tout se complique comme si une turbine interne m'agitait les sangs. Claudie m'a tenu fermement l'épaule afin de rester bien ancrée sur ma banquette. Elle tapotait mon dos de temps en temps pour que je me calme. Je n'aurais jamais pu effectuer ce trajet seule. J'avais l'impression d'être de nouveau une enfant perdue. Tétanisée par cette réunion que j'appréhendais. Qui me glaçait les sangs. Elle m'a laissée, comme promis, sur la place Pey-Berlan en sortant du tram. Je sentais bien qu'elle avait le regard inquiet.

Un policier était en faction devant les grilles de la mairie. Il m'a bloqué le passage. J'avais l'air hésitant. Les gens n'aiment pas cela. La cour est en pavés disjoints. Je pensais à Claudie, qui l'appelle la Cour du Roi, et aux calèches d'antan. À Aliénor d'Aquitaine. Mon imagination était en marche. J'avais peur. La salle était sombre. Impressionnante. Le poids de l'Histoire. Nous sommes arrivés en même temps. Tous à l'heure. Certains se sont salués. Beaucoup se connaissaient. Personne ne m'a regardée. Je n'étais personne. La table était en U. J'ai pris place sur le côté pour ne pas être trop en vue. L'élu est entré. Silence et discipline. Longue intervention du maire-adjoint. Il a parlé du pourquoi et du comment de cette réunion. Il a évoqué la démocratie, l'intérêt porté à la jeunesse, l'obligatoire prise en compte de l'Europe, le décloisonnement des structures culturelles, la mixité, la rénovation urbaine, l'éducation, la nécessité de vivre autrement, l'ouverture au populaire sans populisme… Des mots qu'on lit de plus en plus souvent dans la presse. Au début, j'étais plutôt attentive. Je m'appliquais et puis je me suis évadée. Je n'ai pas l'habitude de tous ces discours. C'est assez ennuyeux. Ou bien je n'étais pas au niveau. C'est vrai, je me suis demandé pourquoi j'étais là. Imposture. Erreur d'invitation. Pas concentrée. J'ai eu du mal avec tous ses mots savants. Et puis ce lieu est tellement suranné : les moulures anciennes, les dorures fanées, les tapisseries râpées et cet étrange assemblage avec des œuvres contemporaines. De grands aplats de couleurs primaires qui viennent faire vibrer le passé. Sans m'en rendre compte, j'ai suivi des yeux le plafond et je me suis perdue dans les pampilles d'un colossal lustre qui trône au centre de la pièce. J'imaginais nettoyer avec un chiffon humide chaque larme de cristal.

J'en étais là de mes pensées quand j'ai senti que le rythme changeait. La salle s'est alors éteinte et un grand écran s'est déployé. Je n'avais rien écouté du discours de notre orateur et j'ai reconnu soudain les images de ma Librairie. C'était le film de « LaCinqArte », comme dit Blandine de Béline en enchaînant les syllabes comme si cela ne formait qu'un seul mot. J'ai retrouvé mes livres, mes étagères et mes petits. Ils étaient bien plus agités que dans mon souvenir. Et puis il y a eu les interviews et cela a fini sur mon soliloque ! Dans un premier temps, je ne me suis pas reconnue. Moi qui ne me regarde jamais dans un miroir, c'était encore pire de me découvrir à la télévision ! Le discours résonnait en moi sans vraiment être le mien non plus. J'ai dévisagé cette étrangère. Énorme Niki. Je ne sais pas ce que l'on identifie quand notre image est capturée ainsi. Un ensemble, une façon de se mouvoir. Notre voix aussi, car elle vibre en nous. Cet étrange sentiment familier. J'ai compris que c'était moi. Terrible décalage entre ma perception et cette découverte. J'ai eu envie de me sauver. Je me suis trouvée difforme. Et pourtant j'étais hypnotisée par le discours de cette grosse dame. Mon étrangère. J'aimais bien ce qu'elle racontait. Je me suis concentrée sur les mots pour oublier cette image de moi, cette inconnue. Pour ne plus voir ces traits disgracieux mais bonhommes, ces cheveux indisciplinés, ce regard un peu hagard semblable à celui d'une bête traquée, ces mouvements maladroits de mon corps engoncé.

Le générique et la lumière sont arrivés très vite. J'ai été éblouie par cette clarté soudaine et les gens qui me regardaient fixement avec un léger sourire tout en m'applaudissant. J'étais pétrifiée et sentais une épouvantable chaleur envahir mon visage et mon cou. Je tremblais à l'idée de devoir prendre la parole. C'est l'élu qui s'en est chargé, m'octroyant alors le temps de retrouver ma respiration et un rythme cardiaque normal. J'avais fini par laisser ma bouche s'étirer en un timide rictus. Les gens ont détourné les yeux. Enfin ! Certains chuchotaient. D'autres me jetaient des coups d'œil étonnés, plutôt amicaux. Un homme ne cessait de me fixer, les sourcils froncés. Une quarantaine d'années. Son regard insistant semblait vouloir percer un secret. Je n'en ai aucun, alors je me sentais très mal à l'aise d'être étudiée ainsi.

J'ai passé mon existence à ne pas être vue et, soudain, tout convergeait pour me faire apparaître au grand jour. J'étais stupéfaite de cette conjonction d'éléments lumineux.

Pourquoi cette brusque exposition ? Pourquoi ce regard des gens sur ma vie, cet intérêt pour mes actions ? L'avais-je mérité ? Je me suis remémoré mon désespoir dans le métro parisien alors qu'une bande de voyous des banlieues m'agressait. J'avais espéré plus que tout disparaître et que le ciel m'entende. Que vienne l'heure d'une rédemption. D'un meilleur sur terre. J'avais la sensation de marcher sur un fil. Moi pour qui tout semblait en déséquilibre, je traversais à cet instant un faisceau de regards et d'évènements favorables. Le temps suspendu paraissait s'apaiser comme pour laisser passer des rayons de soleil. Étais-je dans l'œil du cyclone ?

L'homme qui me fixait a attendu que la salle se vide et que l'élu vienne me congratuler. Je ne sais pas répondre aux félicitations. Cela me met terriblement mal à l'aise. J'ai bafouillé, baissé la tête. Mes yeux suppliaient, j'en suis certaine. Il s'est sauvé, incapable de gérer tout cet embarras. Il semblait tellement pris. L'instant d'après, cet inconnu s'est approché de moi. Grande carcasse à la démarche lourde comme toutes les personnes immenses. Il arborait un costume en velours brun et une chemise blanche ouverte. Le tout était plutôt seyant, un rien négligé, la veste déformée par deux livres enfoncés dans les poches de son complet. Il portait les cheveux légèrement longs et la barbe naissante. Il m'a tendu la main. Une poignée franche et chaleureuse. Il m'a auscultée de son regard pastel en me disant : « Nous nous connaissons, j'en suis certain. Je n'oublie jamais un visage ! » Je n'ai pas pu lui répondre que je ne connaissais personne, et lui encore moins. Que tous les hommes qui avaient croisé mon chemin m'avaient toujours raillée et qu'il faisait certainement erreur. Le temps que tout cela s'articule dans mon esprit, j'avais de nouveau enchaîné le cataclysme : visage rouge, plaques dans le cou et troubles de la vue. Je me sentais comme un animal. Je m'en voulais terriblement de ne pas être capable de reprendre le contrôle. J'aurais aimé cesser d'avoir peur. Cette terreur constante face à un être humain. Un égal, comme prétendent certains. Cet égal qui m'entraînait dans les abysses. À la différence des autres bipèdes qui me terrorisaient, celui-ci a attendu de laisser s'estomper mon mal-être. Il a attrapé une coupe de champagne sur le buffet et me l'a tendue, coupant court à toute contestation de ma part. « Ceci vous détendra. Il est assez bon. » Son sourire était bienveillant. Il patientait. Ma timidité maladive semblait beaucoup l'amuser. J'avais malheureusement l'impression qu'il était armé d'une infinie patience et que je n'allais pas pouvoir m'en débarrasser. C'est l'élu qui m'a sauvée de cette situation. Revenant sur ses pas malgré une forte envie de me fuir, il a tapé brutalement dans le dos de mon interlocuteur en disant : « Salut, mon Richard, quel bon vent t'emmène sur nos terres ? Cela me fait vraiment plaisir de te revoir. » Les deux hommes se sont étreints en riant. Je me suis sauvée. Quel soulagement ! J'étais tellement heureuse de pouvoir m'en sortir avec cette pirouette. Je sentais qu'il pouvait attendre très longtemps. Que ni l'immobilité ni mon silence ne le gênaient. Je suis partie en serrant bien entre mes doigts cette coupe de champagne. Hésitation. Demi-tour ? Je l'ai abandonnée dans un pot de fleurs. Le gardien de l'entrée m'observait. Il a marmonné entre ses dents : « Eh ben ! ça s'arrange pas, la p'tite Dame ! »

Je ne pourrai jamais y retourner. Impossible évidemment de reprendre les transports en commun. Trop peur et un peu ivre à la fois. Je suis partie à pied pour rejoindre mon quartier. Longue promenade jusqu'aux quais. J'ai bifurqué dans les artères piétonnes. J'aime déambuler dans les rues pavées. Les trottoirs sont étroits. On ne passe pas à deux. D'épais rideaux colorés suspendus à l'extérieur des maisons protègent du soleil et de la vue les portes exigües. Trois marches en pierre surélèvent les entrées mettant à l'abri des inondations les intérieurs cossus. Les ondées bordelaises sont violentes comme des moussons. Le ciel s'effondre. La pluie heurte la peau et nous trempe entièrement en quelques secondes. Fausses précipitations équatoriales qui ruissèlent en nous glaçant le sang. J'ai longé les vitrines de petites boutiques d'artisans aux devantures en bois, peintes comme les échoppes d'autrefois. Profondes et sombres. Longs couloirs ouvrant sur deux pièces étroites et laissant entrevoir un jardin luxuriant. Bijoux anciens, écharpes en soie, objets d'ailleurs, galeries d'art, chocolatiers, fabricants de macarons multicolores. Tout y semble unique. J'avais envie de tout. J'ai craqué pour un très joli magasin de mode et accessoires du monde. J'ai choisi des bracelets fins de toutes les couleurs pour Claudie. C'est la première fois que j'achetais un cadeau pour une amie. Ma meilleure amie. J'adore cette expression. Désuète et tendre. Les enfants la prononcent souvent. Les adultes la conservent quelquefois. Ces bijoux sont fabriqués en Amérique du Sud. Ils ont quelque chose d'unique. J'ai voyagé en les effleurant. La vendeuse était brésilienne et son accent frais comme une cascade. Elle m'a dit qu'elle aimerait me faire essayer quelque chose. J'ai été tentée. Elle a glissé un plaid sur mes épaules. Immense et doux, rouge foncé, il sentait l'odeur acre de la teinture naturelle, du séchage au soleil. Elle m'a susurré à l'oreille qu'il fallait toujours poser une tache de couleur sur sa journée et que j'étais bien trop jeune pour ne porter que du sombre. J'ai pressé cette étoffe contre moi pour ne plus la quitter et suis repartie vers la lumière. « Obrigada », a chanté sa voix cristalline. Ce fut le sourire de ce jour tant redouté.

J'ai sillonné les rues et je les ai dévalées en serrant les fesses pour ne pas tomber. Je pensais à mes chevilles et essayais de rentrer mon ventre. Et puis j'ai abandonné mes contorsions, juste pour flâner un peu. Lumière explosive soudain. Je me trouvais face au Grand Théâtre. Le soleil entrait en trombe sur la place de la Comédie. Les chaises et les tables de bistrot envahissaient les terrasses qui grouillaient de monde. Le Bordeaux coulait à flots. Certains buvaient et discutaient debout. Filles et garçons, en grappes, s'embrassaient, se prenaient par le cou. Nous étions soudain dans le Sud. Les femmes au teint mat portaient des robes élégantes, les hommes aux boucles brunes tombant sur la nuque levaient leur verre en chantant, le bon vin et les verrines d'olives virevoltaient sur les plateaux des serveurs. Le sang basque réchauffait les veines et une pointe de style anglais maîtrisait l'ambiance. Chemises bleu pâle et vestes sombres. Une décontraction contrôlée. Une légèreté sans laisser-aller qui se lisait dans les gestes et les mimiques. Les vélos garés un peu partout. Plus tard, ils les reprendraient pour changer de quartier, dégriser et rejoindre une autre fête.

Des jeunes étaient assis sur les marches du Grand Théâtre, buvant des bières à la canette et balançant leurs mégots au milieu de la chaussée. Face à eux, le Grand Hôtel, majestueux. Un homme en livrée ouvrait les énormes portes en cuivre à un couple âgé, suivi d'une armada de porteurs soulevant d'encombrantes malles. J'ai filé, intimidée. J'ai emprunté une large rue qui descend jusqu'aux quais. Tout mène toujours en pente douce vers la Garonne. Le fleuve nerveux happait la lumière. J'ai commencé à le longer. Un paquebot avait jeté l'ancre. Une foule compacte assistait à l'installation des passerelles, modestes ponts en ferraille prêts à déverser des hordes de touristes. Ce building flottant faisait encore hurler ses moteurs en s'approchant du quai qu'il recouvrait de son ombre géante. Des centaines de cabines. Des petites chaloupes orange suspendues sur les flancs du bateau, comme des jouets. Une ancre colossale. Pas de passagers en vue, mais des hommes en blanc à la manœuvre. Avec l'abordage, le fleuve exhalait une forte odeur d'iode. J'ai inspiré. Sensation profonde d'être terrienne. C'est sa force qui me donnait cette certitude. J'ai pressé le pas. Grisée par la journée, j'ai rebroussé chemin et rejoint le Miroir d'eau. Immense dalle de granit noir d'où jaillit un brouillard dense que j'ai transpercé pour gagner le centre de l'espace. Envahie par la brume, recouverte, dépassée, je ne voyais plus la ville. J'entendais les rires des enfants, les gens qui couraient, s'agitaient, tourbillonnaient. Soudain, tout s'est arrêté. Retombé. La vapeur s'est évanouie, dégageant une vue sublime et écrasante. D'un côté, la place de la Bourse nichée comme un diamant dans un arc de bâtisses reflétait une lumière d'or. De l'autre, le fleuve déployait son manteau d'argent. Puis de petits jets ont bourdonné sous mes pieds. Le niveau d'eau est miraculeusement monté. Les enfants s'ébattaient et criaient de joie en pataugeant allègrement. J'ai continué ma route. Légère. Mes ballerines étaient trempées. Je n'ai pas voulu presser le pas. J'ai déambulé en faisant flic-floc, traversé les jardins qui bordent les quais. Une carte postale. En contrebas, rollers, vélos et passants se croisaient en slalomant. Couleurs et rires joyeux. Un hymne à la vie.

Jour 478

Il a accompagné son fils. Je l'ai reconnu. Il vient avec sa classe une fois par semaine. Et puis aussi le mercredi. Il s'appelle Tony. « Entre nous, c'est Antoine, m'a-t-il confié, mais personne ne me prénomme ainsi. » Voilà bien une phrase que je n'aurais jamais pu prononcer à son âge. Il l'a fait avec aplomb et bonne humeur. Il est long comme une ficelle et très doux. Il a des cheveux d'ange qui bouclent dans le cou. Ce qui m'a séduite chez cet enfant, c'est qu'il observe dans un silence recueilli. Parfois même, il ferme les yeux quand nous racontons des histoires. J'ai surpris son visage reposé, paupières closes. Comme son papa, il a le teint pâle et le regard clair. Délavé. Il m'a fait un signe et a planté son père devant mon bureau. Terrible sensation d'être prise au piège alors que sa taille de presque deux mètres me submergeait. Son sourire était tendre. Il a mis ma main dans la sienne et ne l'a pas lâchée pendant quelques instants. J'étais moins mal que d'habitude. Il semblait me dire de me calmer, comme on le fait pour apprivoiser un animal. Et ce regard tranquille ne m'a pas quittée.

— Je ne sais toujours pas où nous nous sommes rencontrés. J'ai une mémoire phénoménale et j'ai cherché tout le week-end. Je trouverai, j'en suis certain.

Il m'a avoué cela avant même de me saluer, comme si nous continuions notre conversation. Son assurance m'a surprise et cette envie de me parler aussi.

— Tony ne tarit pas d'éloges sur vos cours. Il est passionné d'art moderne. Sa maman était peintre.

Il n'a pas cessé de sourire. « Était, était, était… » Je n'entendais plus que ça. Mon esprit s'éloignait avec ce mot qui bondissait dans mon cerveau comme une boule de flipper. Planté là, serein, patient, il attendait que je revienne vers lui.

— Je récupérerai Tony à 17 heures.

Il a tourné les talons. Son grand corps puissant. Devant lequel on s'efface pour laisser le passage. Il a presque heurté le Président.

— Hey, salut, vieux frère… sacré Richard, je suis tellement content de te voir. Toi, dans le temple de la culture, mais te voilà en religion ou quoi ? Viens boire un verre !

Ils se sont étreints. Puis ils sont partis bras dessus, bras dessous. Je n'ai pas entendu le reste de la conversation. Qui était cet homme qui connaissait tout Bordeaux et que tout le monde retrouvait avec joie ? J'ai contemplé la porte longuement. Le volume sonore commençait sérieusement à enfler entre les livres. Je me suis plongée dans l'histoire de Lichtenstein. Je songeais à un tableau. La belle jeune femme blonde qui pleure. Les larmes accrochées à ses paupières. Cette image s'imposait à moi depuis qu'il avait précisé qu'elle était peintre. Nous avons dessiné allègrement. Avec de grosses bulles pour écrire des dialogues. J'avais invité un auteur de B.D comme intervenant. Je n'en revenais pas. Je n'avais pas de budget animation et il avait dit oui !

Le Président m'avait proposé une liste de ses amis des Beaux-arts qui accepteraient de venir gracieusement à mes séances.

— J'étais dans un collectif de barbouilleurs quand j'étais plus jeune et j'ai gardé quelques contacts !

Il riait. Dents blanches. Sourire ravageur. Il avait une fossette. Je ne l'avais jamais remarquée.

— Les autres sont devenus célèbres, alors on attendra, pour les convier, que le ministre de la Culture nous rende

visite ! Pas vrai, miss ? avait-il ajouté avec un clin d'œil. Pas mal, les lunettes !

Un compliment au passage pour remplir ma journée d'étoiles. Une véritable connivence. Un intérêt sincère pour ces rencontres culturelles que je développais. Je suis restée interdite. Je suis sûre que tous finissent par s'amuser de me laisser bouche bée, suspendue, ahurie. Cela devient un jeu, une plaisanterie. À moins qu'ils n'espèrent que je passe cette étape !

Il croit en moi. C'est ce qui compte. Sa confiance.

Jour 483

Claudie a acheté une voiture. « Mamini », comme elle l'appelle. En un seul mot. Couleur fraise à l'intérieur et crème à l'extérieur. Un bijou qui sent le cuir. Elle m'a dit qu'à part moi et son sac à main, personne ne poserait ses fesses sur la place du mort ! Elle la gare fièrement dans notre rue. Comme en vitrine. On fait glisser la grande poubelle sur son emplacement pour le lui garder. C'est une star, notre Claudie, et avec sa voiture décapotable, quand elle ouvre sa portière et laisse entrevoir sa longue jambe découverte et ses talons hauts, on se croirait dans un film américain. Jusque-là, elle ne l'a conduite que du garage à ses studios télé, mais aujourd'hui, nous sommes allées à la plage. J'en rêve depuis des années. Nous en avons choisi une que je tenais secrète. Elle avait compris que cela me réjouissait vraiment. Claudie aurait préféré le Bassin. Arcachon est bien plus « tendance ». C'est le repaire des Parisiens. Mais elle avait deviné que je n'aurais jamais mis les pieds dans cette foule compacte. Trop de femmes, crêpes bronzées recto verso, de surfeurs bodybuildés. C'est ainsi qu'elle les appelle.

Ses propos imagés m'amusent. Son vocabulaire technicolor. Trop de regards, de chutes possibles avec ces châteaux de sable, ces pelles et ces seaux, ces bambins. Et puis elle connaît tellement de monde que j'aurais passé la journée à me cacher derrière mon sac. Alors, elle m'a laissé choisir un endroit sauvage, le Porge. Elle faisait un peu grise mine, car ce n'est pas franchement une destination « touristique », mais elle savait que là, je serais bien. En prise directe avec l'Atlantique. Comme si l'océan entrait sous ma peau, coulait dans mes veines. Inoubliable.

Dès l'enfance, mon père m'emmenait marcher sur le littoral landais : Hossegor, Vieux-Boucau, Moliets, Contis, Mimizan, Biscarrosse… Il choisissait l'endroit selon son humeur et en fonction de la couleur du ciel. Il me préparait et chuchotait : « il fait un temps à aller à Mimizan aujourd'hui ! » Il m'expliquait que les dunes étaient un pansement pour le cœur et que les vagues apportaient la sérénité. Que rien ne pourrait effacer cette attraction pour ma terre, maintenant que j'avais foulé ces plages en hiver. Que c'était un élixir. Un tatouage. Que je reviendrais toujours au pays. Que j'étais sa prisonnière. Le vent me fouettait le visage et je m'accrochais à lui pour ne pas me transformer en cerf-volant. Mes vêtements se gonflaient et j'avais l'impression qu'une main magique me soulevait. Cela nous réjouissait. Papa remontait mes pantalons et nous allions courir au ras des vagues. L'eau était glacée. Elle raidissait mes jambes et colorait mes pieds. Le soir, en retirant mes habits, du sable fin glissait sur le sol. Je le poussais sous le lit pour ne pas me faire disputer par ma mère. Elle ne comprenait pas cet engouement pour « ces déserts venteux ». Et puis je ressemblais à une sauvageonne en rentrant. Maman n'aimait pas la nature, la campagne, les paysages « lugubres ». Cela la rendait sombre et ombrageuse.

Nous avons d'abord longé les quais pour quitter Bordeaux et ses échoppes en enfilade, puis traversé des quartiers que je ne connaissais pas. Pavillons alignés, tous identiques. Sauf les portails, tous différents. Il y en avait de très modernes, d'autres usés par le temps et certains couverts de sculptures naïves en équilibre sur les piliers : lions, déesses, nains de jardin. Pelouses ouvertes sur la rue. Vélos couchés sur le trottoir. Chevaux derrière la maison. Un univers rural et urbain entremêlé. Enfin, une fois passées les dernières grandes surfaces qui inondent les campagnes, une large route s'est offerte à nous. Une entaille profonde qui creuse son chemin entre les forêts denses. Des futaies de pins bien droits et verts avec parfois des zones où les arbres s'enlacent. Soudain, une nature dévastée. Le désordre dans ce paysage au garde-à-vous, vestige d'une violente tempête. De celles qui détruisent tout sur leur passage, tel un monstre qui aplatirait la vie entre ses mains. Il tape sans crier gare. À grands coups de poing. Ici ou là, on ne sait pas pourquoi. Les arbres tombent alors, comme des allumettes que l'on aurait brisées entre deux doigts. Des années plus tard, la nature conserve ses blessures. Un peu plus loin, des troncs s'empilent en pyramide sur le bord de la grande voie. Un nouveau combat de l'homme pour réparer le désordre. Et puis, le long filet de forêts reprend jusqu'à donner le tournis.

Claudie m'a laissé ouvrir la fenêtre et j'ai tendu la main hors de l'habitacle pour résister à l'air. Elle a fait glisser le toit ouvrant et a chanté à tue-tête, adressant des clins d'œil provocants aux passagers des voitures d'à côté. Elle n'apprécie pas qu'on la dévisage. Elle hurlait une chanson monocorde, poème moderne au refrain terne : « ça m'énerve ». Elle accompagnait cette strophe d'un regard appuyé et peu amène pour les véhicules proches. Moi, je plaquais mon corps contre le fauteuil pour disparaître. Elle riait alors à gorge déployée. Quand elle a garé sa mini, juste derrière les restaurants pour que personne ne touche à son joujou tout neuf, j'ai découvert un village discret. Des bars-terrasses étaient installés de part et d'autre d'une allée centrale. Une bande de jeunes jouait à la pétanque. Une minuscule boutique pour vacanciers débordait de bouées fluo, de bracelets indiens, d'accessoires de plage et de crèmes solaires. Attirées par les odeurs de crêpes au sucre et les glaces à l'italienne, des rangées d'enfants sages attendaient patiemment leur goûter. Face à nous, une allée de caillebotis blanc traversait la dune et conduisait à l'océan. L'ascension fait toujours mal aux mollets et battre le cœur. J'ai dû m'arrêter à moitié chemin, le souffle court. Je n'apercevais pas encore la mer, mais je sentais déjà les embruns. Les habitués escaladaient en silence. Des groupes plus bavards dévalaient la pente abrupte, une planche de surf sous le bras. Le soleil tapait sur la grande ombrelle de soie que m'avait offerte Claudie. J'ai poussé sur mes pieds, le cœur serré, la respiration suspendue. Dans un dernier souffle, j'ai entrevu les vagues énormes qui venaient se fracasser sur la grève en faisant reculer les baigneurs qui ressemblaient de loin à des billes colorées répandues sur le sol. Quelques mètres plus en avant, le vrombissement des rouleaux et l'odeur marine qui s'en dégageait nous assaillaient. Un mélange d'embruns et de sel qui raidit les cheveux et les narines. Inoubliable.

Nous nous sommes plantées au milieu du sable, les pieds enfoncés dans une douce poudre dorée qui caresse et brûle la peau. De chaque côté, la plage à perte de vue. Au centre, une petite tribu de familles entourait le siège surélevé du surveillant de baignade qui éructait dans son mégaphone : « attention ! baïne en formation. Veuillez regagner le bord de la plage ». Baïne. Ce mot résonne dans mes souvenirs. Un courant meurtrier qui surprend les baigneurs. Les gens d'ici connaissent. Ceux d'ailleurs se font prendre.

« On file chez les culs nus », m'a signifié Claudie. Elle semblait contrariée. Ça lui faisait toujours le même effet quand elle se retrouvait au milieu de gamins. Les extra-terrestres, comme elle les appelle. Elle les déteste. Je ne sais pas vraiment pourquoi. Sans doute pour ne pas se laisser attendrir. Elle les repousse autant que je les attire. C'est étrange. Nous sommes pourtant toutes deux des enfants uniques…

Nous avons marché longtemps. Je n'osais pas lui dire que je souffrais terriblement malgré mes entraînements intenses ! J'observais en alternance le muscle fuselé et saillant qui tressaillait au creux de son genou et l'écume qui venait s'enfourner sous mes jupes. Je glissais mes pas dans ses empreintes. Elle a des pieds effilés et élégants qui allongent sa silhouette. J'étais trempée et glacée. Elle s'est arrêtée quand nous nous sommes retrouvées seules au monde. J'ai posé mon sac et je me suis éloignée alors qu'elle se déshabillait. Totalement. « Pas de trace de maillot pour porter une belle lingerie », m'a-t-elle indiqué en s'effeuillant énergiquement. Elle semblait tellement à l'aise avec son corps que cela m'a impressionnée. Plus elle se dénudait et plus je me sentais lamentable. C'était malgré moi. J'ai une peur panique de la peau nue. De l'ombre que je pourrais faire à cette beauté parfaite.

J'ai filé tout droit vers le soleil pour la laisser tranquille. J'étais vraiment seule. Je me répétais à chaque pas que la terre était bien ronde et que je pourrais marcher à l'infini sans en voir le bout. J'avançais inlassablement. Mes poumons se gonflaient d'oxygène. J'ai sangloté sans m'en rendre compte. Des larmes de soulagement. De plénitude. De nostalgie. J'avais tellement attendu de retrouver la mer. C'était mon refuge imaginaire. J'en avais perdu les effluves. J'avais beau me concentrer, je ne parvenais plus à percevoir cet arôme sablé d'écume. Je pleurais mon père. Sa main réconfortante qui me faisait sauter en l'air. Son regard tendre. Ces instants de bonheur qui n'étaient qu'à nous deux. Il me manquait terriblement. Elle aussi.

Jour 495

Ma tante a dû entendre ma prière. Elle m'a annoncé qu'elle souhaitait organiser une grande fête pour mon anniversaire où elle inviterait tout le monde. « Dans tout le monde, il y a tes parents, a-t-elle marmonné, non pas que cela m'enchante, mais il est temps que tu affrontes tes démons ! » J'ai fait comme si je n'y avais pas prêté attention, mais ensuite, je n'ai plus pensé qu'à cela. Mes parents. Revoir mes parents. Serai-je à la hauteur ? En avais-je envie ? Comment retrouver le fil de notre histoire ? Ne pas les décevoir… Encore et toujours…

Jour 500

Je me suis demandé de quel droit elle avait pris cette décision, la Vilaine. J'ai senti mon sang bouillonner dans mes veines. L'envie incontrôlable de casser quelque chose. De taper sur la table. Je me répétais sans arrêt : « De quel droit ? Pour qui se prend-elle pour régenter ainsi ma vie ? » Je suis en colère. Étrangement, ce sentiment ne me quitte plus.

Jour 502

Cette petite chose est venue à mon cours mercredi. Mini boule d'une vingtaine de kilos avec de longs bras et de longs pieds aussi. Elle arborait une queue de cheval légèrement de travers. Comme si elle avait bataillé quand sa mère l'avait coiffée. Un teint caramel. De jolis cheveux fins et ondulés. Un air renfrogné. Des yeux noirs qui fusillaient. Elle baissait ostensiblement la tête. Fixait ses ballerines usées. « J'ai tout essayé et puis j'ai entendu parler de vous, m'a confié sa mère, Mathilde ne veut pas apprendre. Cela me désespère. » J'ai observé cette enfant silencieuse. Ses mains vibraient comme des feuilles. Mathilde tremblait de peur et restait droite comme un soldat. Et ainsi chaque jour depuis la rentrée scolaire. Résignée. Silencieuse pour ne pas blesser ses parents. J'ai enlacé ses doigts que j'ai gardés entre mes paumes tout l'après-midi. Tony était là aussi. Il s'est lié d'amitié avec Léo. Mon Léo. Étrange. Alors qu'il semble toujours seul au monde. Comme s'il creusait des tranchées autour de lui.

Le père de Tony est venu le chercher. « C'est comme un oiseau en captivité que l'on remet en liberté », a-t-il affirmé en montrant du menton la fillette qui me cramponnait. Son regard était doux. « Je crois que cette enfant n'aime tout simplement pas le bruit », a-t-il ajouté. J'étais stupéfaite par ce diagnostic immédiat. Immobile, comme une île entourée de mes petits qui venaient d'atteindre le niveau sonore d'une ruche. C'était toujours ainsi juste avant l'arrivée des parents. Comme avant une chute de neige.

Jour 509

J'ai tenté une expérience avec Mathilde. Je l'ai installée au milieu des coussins et j'ai placé des écouteurs sur ses oreilles avec une musique douce. Elle s'est détendue. Ses épaules ont soudain lâché, comme si je coupais un élastique. Comment savait-il cela ? Comment avait-il compris, d'un coup d'œil, que cette enfant souffrait de ce mal ? Elle avait passé son après-midi réfugiée dans ce nid douillet, casque rivé sur la tête, mais elle s'était intéressée aux autres en les observant discrètement. Je lui avais glissé entre les mains « Le grand livre des petites choses » de Keith Haring. Elle suivait de ses doigts agiles les silhouettes colorées.

Jour 516

« Je suis ornithologue et j'ai l'habitude d'observer les espèces fragiles », a-t-il soupiré avec un sourire tranquille en constatant le résultat de mon expérience avec Mathilde. Mais oui, quelle idiote ! Richard Felt. L'ornithologue en vogue, Richard Felt. Celui que tous les médias louaient. J'avais vu de nombreux reportages sur lui. Le sauveur de l'humanité. L'homme qui préférait parler aux pierres, aux arbres et aux oiseaux plutôt qu'à ses semblables était bel et bien devant moi, essayant de lier conversation depuis plusieurs semaines. Voilà pourquoi tous le connaissaient. Parce qu'il était mondialement célèbre et que je n'avais, à aucune seconde, fait le lien entre le savant et le père de Tony. J'ai, hélas, une fois encore, touché le fond du malaise et du rougeoiement. Il a volé à mon secours. C'est comme une seconde nature chez lui de venir à la rescousse des autres. Il n'a de cesse d'essayer de me sortir de mes filets, mais à chaque

fois que je le vois, mon état s'aggrave. Je me sens ridicule et oppressée. Je me demande même comment il peut me confier son fils ! Ma timidité maladive m'interdit de l'interroger.

Jour 517

Il m'attendait devant le CAPC. Je suis sortie tard et je venais de coincer mon manteau dans la lourde porte en bois. Je me débattais pour tenter de retrouver ma liberté. Il a tiré le battant en me disant qu'il avait bien fait de patienter pour me sauver la vie ainsi que celle de mon vêtement qui avait triste mine. Cette fois, il riait franchement de mon air déconfit. C'est cela, je suis un clown blanc qui ne cesse de se rendre ridicule et visible alors même que j'essaie par tous les moyens de me cacher. J'amuse la galerie au lieu de jouer les passe-murailles, comme je le souhaiterais.

— Je voulais vous inviter à boire un verre. Je sors de mon rendez-vous avec Kar Bronsky. C'est un ancien camarade de classe et nous sommes en train de monter un joli projet ensemble. Venez, je vais vous raconter cela. Il y a une brasserie au coin de la rue, m'a-t-il proposé en me saisissant le bras.

Je ne m'étais en aucun cas préparée à l'idée d'un tête-à-tête avec lui. J'avais envie de m'enfuir. Il me fallait trouver une échappatoire.

Les mots sont venus sans même que j'y pense. Ils ont jailli comme pour me libérer de tous ces sentiments qui grandissaient depuis que j'avais fait sa connaissance. Non, je ne pouvais pas boire un verre parce que cela ne m'était jamais arrivé de boire un verre. Et puis, je ne le connaissais pas. Je n'avais rien à dire. Je ne savais pas parler aux adultes. J'étais convaincue que je ne pourrais jamais rien lui apporter. J'ignorais tout de ces codes et de ces jeux de rôles. En société, j'étais une apatride, une paumée, un cas à qui quelqu'un avait miraculeusement proposé un travail que j'adorais. Je ne voulais pas d'ennuis, ni lui faire perdre son temps. Et puis j'étais suffisamment quelconque… – et là, j'ai stoppé net, car je refusais vraiment de lui livrer les mots avec lesquels les autres avaient, toute ma vie, qualifié ce que j'étais – oui, disons quelconque, avais-je répété, pour que jamais, au grand jamais, aucun homme n'ait souhaité s'éterniser à mes côtés, sauf mon père. Et puis, cela me mettait terriblement mal à l'aise de lui parler. Je pouvais bien comprendre qu'il avait pitié de moi et qu'il essayait de me sortir de ce marasme, mais c'était ainsi. Et qu'avec toutes les grandes choses qu'il devait mener pour la planète, j'étais sans doute le seul être au monde qui pourrait disparaître sans que quiconque ne s'en rende compte, car je ne servais à rien sur terre, tout au plus à distraire quelques personnes curieuses. Je n'avais donc aucune intention de boire ce verre et je préférais ne jamais plus être obligée de lui parler, sauf s'il souhaitait que je lui rende un service professionnel. Alors nous pourrions en discuter un autre jour à mon bureau.

Je crois que j'ai encore prononcé quelques phrases, mais je ne m'en souviens plus. Sauf de la durée de cette intervention spontanée et débordante qui est sortie de mon corps. Comme une vague. Un raz-de-marée.

Il a juste essuyé une larme sur ma joue en la caressant et il a tourné les talons sans paraître le moins du monde surpris.

Je suis restée sur le trottoir, longtemps. Je pressais ma joue pour sentir la douceur de sa caresse en me répétant : « C'est mieux ainsi. Vraiment, c'est mieux ainsi… »

Jour 524

Tony n'est pas venu à l'atelier. Et son père non plus. C'est mieux. Mais en même temps, je me consume et regrette tous ces mots crachés dans la peur. Je m'en veux de l'avoir repoussé brutalement. Je ne me reconnais plus. Étrangement, je maigris.

Jour 526

Nouvelle séance de commande de vêtements sur les catalogues par correspondance. Claudie et moi nous amusons follement. Nous avons envahi le lit de Thérèse et arrachons les pages comme des gamines. Je taille 48. Du 48. C'est fou ! Je dois changer entièrement ma garde-robe. Mes pantalons se sont mis à tomber quand je marche. Je suis obligée de les remonter d'un coup sec, ce qui, selon Sophie, manque totalement de classe. Mes voisines sont fières de moi. Tous les habitants de l'immeuble m'ont félicitée, comme s'il s'agissait d'un combat collectif. Je ne m'offusque plus de cela. De toute façon, tout le monde se mêle de tout ici ! Et chacun y va de son commentaire sur telle ou telle partie de mon corps. Il est vrai que chacune a eu un rôle à jouer dans ma métamorphose. C'est comme si je leur appartenais. La seule à qui je n'appartiens plus, c'est moi. Je ne me reconnais plus. Je me trompe dans les distances. Je me cogne. Je vise mal. J'ai toujours froid. J'empile les vêtements comme un oignon ses pelures. La glace coule dans mon sang. Paradoxalement, ce froid paralysant me procure un sentiment de légèreté absolue. L'impression de flotter au-dessus du sol. Pourtant, 48, cela reste au-delà du raisonnable pour la plupart des gens.

Et puis j'échappe enfin à ce mutisme qui précédait mon

passage suivi de chuchotements qui picotaient mon dos. Un matin, cependant, dans la file d'attente du supermarché, un enfant, que sa mère n'avait pas su museler, a laissé échapper un tonitruant : « Tu as de grosses fesses, Madame ! » Le gamin, coincé entre deux chariots, le regard à la hauteur de mon séant, a décoché sa flèche dans un silence pesant. Je suis restée anesthésiée. J'ai baissé la tête. Je n'avais pas encore l'âge d'en rire. Je ne peux pas m'habituer à ces remarques. Bien qu'ayant perdu du poids, j'essaie toujours de voir mes pieds et ces jolies espadrilles que Claudie m'a offertes. Mon ventre les cache encore.

Jour 531

Jour d'atelier. Je pars l'esprit léger. Plus de trente enfants, avides d'expériences et de rencontres. Je ne me lasse pas de leurs questions. Leurs interrogations sont toujours directes et pertinentes. J'ai du mal à croire que certains soient en échec scolaire. Ils me semblent tellement vifs et tenaillés par l'envie d'apprendre. Sans barrières ni blocages. Juste des herbes folles qui s'agitent dans le vent du savoir. Nous allons réaliser une installation. GÉANTE. J'ai pu obtenir l'utilisation du hall d'accueil. Nous passons à l'acte. Nous fabriquons une araignée gigantesque qui nous permettra de présenter des travaux en évolution. Je pense à « Maman », la sculpture de Louise Bourgeois. Elle me donne du courage. Me hante. L'œuvre et son espace. L'ambigüité des matériaux. La métaphore. Ma mère sans doute, depuis ces rêves étranges qui envahissent mes nuits. Des rêves sans image. Je n'y entends que des bruits. Toujours la même succession. Des rires d'enfants. Cristallins, gais, confiants. Puis des pas sur le gravier. Des coups sur une porte en bois. Des pleurs. Des lamentations douces qui se transforment en berceuse. C'est ce bourdonnement qui me tire de mon sommeil et dans cette presque conscience, je perçois la voix de ma mère. J'écoute, mais je ne comprends pas. Je lui parle, je l'implore, mais elle ne répond pas. Mes larmes me réveillent. Alors, je me lève et je regarde la nuit noire et les étoiles qui brillent entre deux réverbères. Une constellation un peu floue, noyée dans un ciel opaque.

Jour 532

Je n'aurais jamais cru que les enfants possédaient une telle imagination. J'aurais dû savoir. Me souvenir. Je suis impardonnable.

L’ aveu

L’araignée

Clotilde était stupéfaite par le niveau sonore que pouvait produire un groupe d’enfants. Des cris stridents qui semblaient escalader la gamme des aigus. Depuis deux heures, munis de pelotes de lycra, ils faisaient le tour des chaises, des porte-manteaux, de la colonne de l’entrée et constituaient une sorte de cabane en fils, installation qui devait pouvoir maintenir les dessins et collages réalisés dans les ateliers. Les couleurs mêlées à leurs rires faisaient résonner la nef centrale du musée heureusement en cours de montage d’exposition. Face à cette ambiance électrique, les employés s’étaient réfugiés dans leur bureau respectif. Clotilde résistait à cette troupe de moussaillons déchaînés qui se croisaient, se catapultaient en tournant autour d’un pilier ou venaient rebondir de l’autre côté avec une certaine accélération. Un jeu qui permettait aux grands d’affirmer leur supériorité en éloignant leurs cadets. Un coup malheureux avait fait valdinguer la petite Mathilde, à peine sortie de son mutisme, contre une étagère de prospectus. Les revues et catalogues d’exposition s’étaient écroulés dans un fracas assourdissant. Cela avait donné lieu à quelques minutes d’un silence consterné avant la reprise, de plus belle, du rythme. Léo avait couru dans la Librairie pour prévenir

Clotilde, occupée avec les plus jeunes. La fillette avait disparu dans les étages. Elle partit aussitôt à sa recherche laissant à Léo et Tony la maîtrise de la volière.

Elle avançait dans le noir, appelant l'enfant doucement. Elle grimpait les marches de pierre dans l'obscurité, tâtonnant pour se guider sur les murs en briquettes. Elle espérait que ses appels n'allaient pas faire bondir la Directrice hors de son bureau. Les préparations d'expositions étaient stressantes pour toutes les équipes et nul n'était habilité à les déranger. L'écriture des cartels et catalogues créait la plus grande effervescence. Les portes étaient alors fermées au public. Clotilde, telle un fantôme, déambulait dans les couloirs en chuchotant des « Mathilde, Mathilde… », comme pour amadouer un chat. À chaque palier, sa terreur augmentait à l'idée que cette petite puisse être perdue. Elle échafaudait déjà les histoires les plus folles à raconter à cette mère suffisamment ébranlée par la fragilité de son enfant qui ne voulait pas apprendre.

Le temps s'écoulait, les étages défilaient, les salles d'expositions abandonnées s'enchaînaient et Mathilde demeurait introuvable. Au comble de l'angoisse, Clotilde poussa la lourde porte qui ouvrait sur le toit-terrasse surplombant le musée et offrant au restaurant une vue panoramique sur Bordeaux. Dernier espoir. La petite fille perdue était assise là, sur un minuscule tas de galets ronds. Elle tiraillait sa jolie robe rouge, essayant de couvrir ses genoux, comme si le froid de l'hiver venait mordre ses jambes.

— Ils font beaucoup de bruit… pas vrai ? s'enquit Clotilde en tentant de retrouver son souffle.

— Il m'a dit que ma robe était trop grande pour moi…

— Il ne faut pas toujours croire ce que disent les autres, tu sais.

— Trop grande ou trop petite, cela ne va jamais.

— Je sais.

— Tu n'en mets jamais des robes, toi ?

— Non, elles sont toutes trop petites pour moi.

— Alors, finalement, trop grande, c'est mieux ?

— Oui, je crois que l'on est plus gentil avec les gens qui ont des habits trop grands. Mais, ce n'est pas ton cas. Cette robe te va parfaitement bien. Tu sais, je me suis beaucoup inquiétée pour toi.

— Tout le monde s'inquiète toujours pour moi.

— C'est parce que l'on t'aime, tu as de la chance que ta maman s'inquiète pour toi.

— Tu crois ?

— Oui, vraiment.

— Moi je trouve que cela m'empêche de grandir tout ce souci autour de moi… Et ce bruit aussi…

Puis elle éclata de rire, surprise par ce qu'elle venait de révéler. Un rire cristallin comme dans le rêve de Clotilde. Un chant d'oiseau. Clotilde la souleva comme une plume pour redescendre les étages. Son pas prudent, ses gestes lents avaient rassuré la petite qui laissait reposer sa tête sur sa poitrine.

Tout en tâtonnant dans le noir, Clotilde tendait l'oreille. Elle avait d'abord cru à un grincement, puis avait réalisé qu'elle entendait des pleurs d'enfants. Un gémissement qui perçait dans l'obscurité. Sans comprendre, elle se pressa et découvrit avec stupeur l'œuvre de son groupe. Pendant son absence, ils avaient tissé l'intégralité du hall d'accueil du musée. Ils avaient enroulé leurs pelotes d'un point à un autre et s'étaient servis de tout leur poids pour rigidifier l'ensemble. Ainsi avaient-ils créé une toile d'araignée géante que nul ne pouvait traverser. Des tressages savants et redoutablement enchevêtrés qui, réalisés dans cette matière souple et extensible, empêchaient quiconque de passer. Au centre de cette œuvre multicolore résonnaient des pleurs. Des petits cris entrecoupés par de longues lamentations. Un désespoir infini semblait s'échapper de cet ouvrage diabolique.

Comme le silence qui précède l'orage, les enfants s'étaient tus. Alignés autour des plus grands, ils regardaient froidement leur camarade se débattre au milieu de ce piège. Plus il bougeait, plus le lycra enserrait ses membres, lui déchirant la peau et affaiblissant ses gémissements. C'était Léo. Elle reconnut sa voix, ses cris, ses soupirs. Son petit Léo, qu'elle pensait prêt pour quitter sa solitude, s'était fait prendre. Candide. Gentil. Bienveillant. Léo, son protégé. Tous le savaient. Léo, fragile. Tout juste sorti de sa septième marche, croyant les dires des aînés comme s'il s'agissait de ses frères et sœurs. Léo, oublieux des intentions des autres. Les plus forts. Les sûrs d'eux. Ceux qui n'avaient peur de rien. Qui pensaient tenir le monde entre leurs mains. Qui écrasaient les fourmis, saccageaient les jardins, bousculaient les petits dans la cour, blessant les plus faibles. Parfois même sans volonté de nuire. Juste cet instinct grégaire. Terriblement animal.

Clotilde, médusée par cette scène de cruauté, déposa la petite Mathilde à l'abri et se précipita sur cette installation. Sans réfléchir, elle fonça droit devant, certaine de pouvoir la broyer. La pulvériser. L'impressionnant entremêlement la renvoya violemment en arrière, la faisant choir de tout son poids. Elle se redressa péniblement. Ses joues saignaient. Sa tête tournait. Son souffle coupé par la chute l'empêchait de se remettre debout. Il fallait qu'elle pénètre à l'intérieur du piège. Elle n'entendait plus Léo et craignait qu'il ne s'étrangle dans ces lianes mobiles qui se refermaient sur le petit corps à chaque mouvement. Alors, roulant sur le sol lourdement, elle entreprit de ramper. Elle comprimait sous son poids les fils les plus bas, forçant avec son front pour se faire un passage. Tirant, poussant, hurlant quand les élastiques se tendaient et venaient claquer sur son visage. Elle fouillait rageusement du regard la torpeur qui régnait dans cette toile sombre pour atteindre Léo. À force de batailler, elle finit par attraper son pied. Soulagé, le petit cessa de se débattre et elle fit glisser ses doigts sur sa peau pour le dégager. Elle progressait lentement. Gagnait centimètre par centimètre, laissant son propre corps se prendre au piège de ses mouvements. Chaque avancée provoquait un nouveau garrot, ébranlant le tissage géant comme un animal fou. Les enfants, abandonnant leur léthargie, riaient bruyamment et accompagnaient sa laborieuse marche à grand renfort de cris et d'encouragements. Sans conscience de la gravité de la situation pour les deux proies qui perdaient leurs forces à l'intérieur de ces méandres. Tony avait bien compris que tout cela n'était pas un jeu. Clotilde et Léo étaient en danger. Il avait appelé son père à la rescousse. L'ensemble du personnel du musée, enfermé dans les bureaux et prenant ces hurlements pour un amusement, n'avait pas bougé.

Enfin, Richard apparut, muni d'un cutter. D'une voix glaciale, il envoya les enfants s'asseoir dans la Librairie. Le silence retomba instantanément. Il s'attaqua consciencieusement à la bête en lycra, donnant des coups secs pour trancher les fils qui bondissaient aux quatre coins du hall. Clotilde protégeait Léo. Elle l'avait calé contre son flanc et c'est sur son corps que venaient cingler les élastiques qui claquaient d'un coup sec. Elle posa sa tête sur le sol, abandonnée, épuisée. Elle entendit des pas crisser sur le béton. Elle ferma les yeux et entama le fredonnement d'une berceuse pour rassurer l'enfant. Quand Richard arriva à ses côtés, l'accueil était jonché de morceaux de tissus recroquevillés. Au cœur de l'espace ravagé, Clotilde, en boule autour de Léo, ressemblait à un animal blessé.

Richard était bouleversé. Son regard clair scrutait le visage désemparé de la jeune fille.

— Nom de Dieu de nom de Dieu ! Je me souviens maintenant… Mais comment ont-ils pu ? Nom de Dieu, vous êtes dans un sale état !

— Ça va aller, ça va aller… Je vais me remettre, soupira Clotilde.

— Mais comment une chose pareille a-t-elle pu arriver ?

— C'est un accident. J'ai cessé de les surveiller. C'est de ma faute…

— Nous en reparlerons. Vous allez prendre le petit et rentrer immédiatement. Je m'occupe des dégâts et des enfants. J'expliquerai tout cela aux parents. Vous pouvez regagner votre domicile seule ?

Richard avait pris ce désastre en main. Rangement,

morale, punition, exclusion, explication succincte avec les parents. Clotilde avait traversé la rue, honteuse, déboussolée. Claudie avait hurlé de terreur en la voyant. Elle avait nettoyé son visage avec un gant et de l'eau froide, fait couler une douche chaude, brossé ses cheveux, bercé Léo et appelé sa mère à la rescousse. L'immeuble était en émoi. Thérèse sollicita la venue du médecin. On la mit au lit. Elle restait silencieuse, renfermée. Bertrand lui affirma que ses plaies étaient superficielles. Celles du corps. Qu'il lui faudrait un peu de temps et qu'il lui ordonnait le plus grand repos pour quelques jours. Elle demeurait prostrée. Les voisines attendaient devant la porte, assises en grappe sur les marches, tentant de comprendre comment Clotilde avait pu se faire fouetter ainsi. Claudie ne décolérait pas. Léo lui avait expliqué. Décidément, elle haïssait les enfants. « Monstres cruels, envahisseurs, suceurs de sang, vampires de parents... Je le savais que tout cela finirait mal dans cet endroit, je le savais, » maugréait-elle. Sophie et Sarah essayaient de la calmer, remerciant le ciel de n'avoir jamais connu une telle violence. Yasmine menaçait de porter plainte. De tous les traîner dans la boue. Harcèlement. Non-assistance à personne en danger. Elle fulminait. Élisabeth faisait des allers-retours entre Thérèse et Léo qui réclamait sa « Tide ». Quand Bertrand referma la porte, Clotilde dormait.

Les voisines grimpèrent chez Thérèse pour partager le verre du réconfort. Cette dernière fit un petit discours avant de boire, d'une seule lampée, son Lillet. Elle trinquait à l'amitié, au partage, au bonheur de cette famille reconstituée dans cet immeuble contre vents et marées. Elle rassura tout le monde, avoua qu'un peu de repos ne leur ferait pas de mal et qu'elles pourraient ainsi préparer l'anniversaire de sa nièce. Elle voulait les convier à un week-end dans les Landes. À Eugénie-les-Bains, son paradis secret. Elle y avait une demeure assez vaste pour les avoir tous autour d'elle, avec conjoints et enfants, avait-elle rajouté. Elle échafaudait ce séjour depuis plusieurs semaines. C'était l'occasion. Ce choc psychologique qui venait de s'abattre sur leurs épaules allait accélérer ce projet. Il fallait vivre. Déguster cette fraternité. Ils fixeraient la date ce soir. C'était le bon moment. Elle le sentait.

L'île aux oiseaux

Clotilde se réveilla au lever du jour. Ce cauchemar, toujours. Ces pleurs. Ces rires d'enfants. En boucle dans son cerveau jusqu'à ce qu'elle sorte de cette torpeur. Corps douloureux. Coulé dans une masse de ciment se rétractant sur ses os. Visage tuméfié. Bouche pâteuse. Elle tapotait le lit, s'assurant qu'elle vivait encore. Se demandait si elle pourrait se mouvoir à nouveau. Observait les murs blancs, la rosace posée de travers au plafond, soudain espoir que la différence peut faire partie d'un tout. Elle revivait en songe la toile d'araignée. Cette violence qui s'était déchaînée la désarçonnait. Elle était incapable de survivre en société. Elle y avait pourtant cru. Pensait avoir compris. Les gens, le travail, les enfants. Elle était perdue de nouveau et savait que la fuite n'était pas la solution. Elle devait affronter la réalité. Cette évidence la fit se redresser. Elle entendit des pas dans l'escalier suivis de coups sur la porte. Secs. Impatients. Elle ouvrit lentement.

Richard se dressait devant elle, la main encore suspendue, rayonnant.

— Eh ben… C'est toujours pire le lendemain, dit-il, compatissant. Comment vous sentez-vous ?

— Euh… bien, bien… bien mieux… Mais vous savez où j'habite ?

— C'est Kar qui m'a donné votre adresse. Je sors d'un entretien avec lui.

— Je suis virée ?

— Mais non, voyons… Allez, je vous laisse dix minutes pour vous habiller et je vous embarque. J'ai des choses à vous dire justement…

Clotilde regardait ses pieds nus. Pensait qu'il tenait certainement son poste entre ses mains. Il était le seul à pouvoir alléger la vérité. Elle remercia le ciel de ne pas avoir de miroir en découvrant un bout de son visage se refléter sur les robinets. Il fallait qu'elle cesse de les briquer à l'eau de javel pour échapper à sa curiosité. Continuer à s'ignorer. Elle se demandait ce que cet homme lui trouvait. Peut-être voulait-il la tancer pour lui faire prendre conscience de sa responsabilité lorsqu'elle prenait en charge des ateliers d'enfants ? Après tout, il lui avait confié son fils. Il était suffisamment énigmatique pour qu'elle s'interroge à l'infini. Elle allait tout découvrir.

Richard l'avait fait monter dans sa grande voiture. De celles que l'on ne voit jamais en ville. Un pick-up blanc avec une banquette unique à l'avant et une bâche qui recouvrait l'arrière. Elle avait laissé la place d'une personne entre eux. Elle se sentait étrangement calme à ses côtés, comme si cet homme croisé quelques fois lui était familier. Il conduisait avec aisance. Le véhicule longea les quais pour sortir de la ville. Il sifflotait sans se soucier d'elle. Une fois Bordeaux derrière eux, il parut s'intéresser de nouveau à sa passagère.

— Je vais vous dévoiler mon petit paradis. Vous avez droit à une journée de détente ! J'espère que vous avez fini par vous endormir hier soir ? Tony était particulièrement énervé.

— Je suis sincèrement désolée…

— Je le sais et vous n'avez aucune raison de l'être. Je regrette terriblement de ne pas être arrivé plus tôt au musée, comme je le souhaitais. Ces sales gosses méritaient de se frotter à quelqu'un de plus fort. J'aimerais que vous considériez que le temps des brutalités est révolu ! Terminé ! Basta ! Comprenez-vous cela, Clotilde ? Je ne serai pas toujours là pour vous sauver des monstres…

— Que voulez-vous dire ? Je ne comprends pas… c'est la première fois que…

— Détendez-vous, Clotilde. Je ne souhaite que votre bien et cela depuis plus de quinze ans…

— …

— Je m'en souviens. J'ai mis des jours à me rappeler. Votre regard était inscrit en moi. J'ai fouillé ma mémoire, mon passé, un ailleurs… Et puis quand je vous ai vue, allongée sur le sol, en boule, brisée, j'ai su. C'est comme un film qui se rembobine. Je les revois se déchaîner sur vous, tirer vos cheveux, frotter du sable sur votre visage, déchirer vos vêtements… Je les revois comme si c'était hier. Je les entends parfois en rêve. Ces rires et ces cris aigus, comme ceux d'une hyène. Leurs mouvements fébriles et le bruit de leurs chaussures faisant crisser les graviers pour mieux tourner autour de leur proie. Leurs mines quand je me suis approché. La vôtre, détruite. Vos yeux rougis et aveugles. Jamais je n'oublierai votre détresse lorsque je vous ai portée à l'infirmerie. Pendant des jours entiers, j'ai surveillé la cour, les toilettes des filles, à la recherche d'un voyou en manque de souffre-douleur. Je vous ai vue vous replier sur vous-même. Vous cacher sous le préau. Lire des ouvrages, tous les jours différents, en les collant sous votre nez. Traîner votre cartable derrière vous comme une pierre en allant en cours. J'ai suivi votre misérable scolarité, impuissant, ne sachant que faire pour vous aider, essayant d'entrevoir qui étaient vos parents, observant votre mère vous tourner le dos, n'osant lui parler, vous approcher, de peur de vous blesser un peu plus…

— Le pion… C'était vous, le pion, chuchota-t-elle. Je crois que vous m'avez sauvée cette fois aussi…

— J'ai sans doute préservé votre vie de ce piétinement quotidien, de cette rage, de la brutalité, mais j'ai surtout épargné la mienne !

— Comment ça ?

— Vous m'avez fait désespérer des humains.

— …

— Moi qui cumulais les diplômes, je ne savais pas vers quel métier me diriger. J'ai choisi ce jour-là les oiseaux ! Les minéraux aussi d'ailleurs. La nature en fait. Je me suis dit que je n'aurais pas la force de rendre mes semblables meilleurs, mais que je pourrais peut-être influer sur notre environnement. Que je pourrais sauver notre paradis terrestre. Changer notre relation à la terre. Pacifier le monde en parlant aux arbres et au ciel. Trouver un certain équilibre. Comprendre l'univers. J'étais perdu. Diplômé certes, mais sans lumière. Sans la moindre étincelle sur ce que me promettait l'avenir. Bon partout, mais bon à rien. Connu de tous, sauf de moi-même !

— Qu'avez-vous fait de cette ambition ?

— J'ai commencé par quitter les cours et l'école, et je suis parti, sac au dos. J'ai mis quelques milliers de kilomètres entre Bordeaux et moi… J'avais une passion pour un oiseau très particulier… Je l'ai poursuivi de mes assiduités ! L'Albatros.

— À col noir ?

— Absolument. C'est mon favori ! J'ai traversé la Terre à la poursuite de ces oiseaux. Du sud du Tropique du Capricorne au Pacifique Nord. J'ai suivi leur reproduction sur les îles antarctiques et subantarctiques. Je connais tout de leurs voyages. De leur grande envergure. De leur immobilité entre deux souffles d'air. De leurs vols élégants. De leurs ailes gracieuses et infinies. De leurs traversées épiques. Plus de quarante jours sans se poser, c'est fou, non ?

— On prétend qu'ils renferment l'âme d'un marin mort…

— Peut-être sont-ils nos transporteurs d'âmes ? Alors, cela m'encourage à les protéger ! dit-il en riant. Il y a tellement d'espèces en voie de disparition… Je voudrais que mon fils puisse à son tour prendre mes jumelles et observer leurs vols pendant de longues heures. Hélas, je me demande s'ils sont toujours en vie…

— Où allons-nous ?

— Ah ! quand même ! Vous savez, à fréquenter les oiseaux, on s'habitue aux silences… Il faut apprendre à regarder et attendre… Je pratique cela avec vous depuis longtemps. Je sais pourquoi maintenant !

— Ah bon ?

— Oui, je vais vous sauver malgré vous. Même si je n'y suis pas parvenu avec les albatros, j'ai réussi d'autres coups !

— Me sauver de quoi ?

— De vous-même. De ce grand silence dans lequel vous grandissez… Je vous emmène à la source de la vie. Nous allons pénétrer le paradis girondin des oiseaux. Je vous invite à déjeuner au Parc ornithologique du Teich. C'est un endroit merveilleusement préservé où l'homme a su capturer l'essence même de l'existence. On y entend la nature respirer. Et ce calme infini nous ouvre à la vérité. Il arrête les bruits inutiles, toutes ces histoires absurdes dont on nous berce dès l'enfance, et la laisse émerger du fin fond de nos entrailles. Comme si nous ne pouvions plus jamais nous mentir. Comme si enfin, nous osions lever la tête et accepter d'être ce pour quoi nous sommes venus sur Terre... Oui, je sais, vous me trouvez réellement étrange, mais rassurez-vous, je suis dans un état mental stable et éclairé ! J'ai décidé de vous aider à changer de vie. Vous êtes certainement le signe de la fin de mon contrat moral avec les oiseaux et de ma nécessaire maturité pour m'intéresser aux humains ! J'ai toujours pensé que je n'étais pas digne de m'occuper d'eux.

— Vous, indigne ? Vous êtes merveilleux, dit-elle en piquant du nez sur ses genoux…

— Merveilleux, sûrement pas, et je n'ai, hélas, aucun lien non plus avec le divin. Il m'a fallu longtemps pour en prendre conscience. Et durement… Je n'ai pas su sauver ma femme du cancer qui la dévorait. Je pensais à l'époque être tout puissant. J'étais convaincu que rien ne pouvait me résister parce que je l'avais décidé. Même pas la mort. Elle est partie sans me laisser le temps de réaliser. Elle s'est éteinte avec un regard confiant, comme l'on s'endort avec la certitude de retrouver ceux que nous aimons au réveil. Je n'ai rien compris, ni pendant sa maladie ni après son décès. Et je me suis sauvé pour vivre loin, là où personne ne pourrait me toucher, ni me blesser. J'ai même laissé derrière moi le seul être qu'elle m'avait demandé de protéger, notre fils. Il m'a fallu du temps et beaucoup de solitude pour avoir le courage de réassumer mon rôle de père. Comme moi, vous évoluez dans un monde lointain, là où l'on ne peut vous atteindre. Mais vous fuyez. Mieux vaut une vie de souffrance qu'une existence vide. Je vous ai observée, vous et surtout les enfants avec qui vous partagez des moments intenses. Vous êtes un miracle pour ces innocents et vous ne le savez pas. Vous leur offrez un bonheur immense, un partage inoubliable. Vous construisez en eux un talent silencieux qui un jour germera. Je ne vous laisserai pas repartir tant que vous ne serez pas convaincue, et profondément, que vous êtes la pierre angulaire de la vie de plusieurs d'entre nous ! Compris ?

Le Miroir d'eau

Les yeux grands ouverts sur une tache au plafond pour fixer le temps, elle rêvait. Elle ne voulait rien oublier de ces moments précieux passés avec lui. Elle se remémorait chaque instant avec intensité. Fronçait les sourcils pour se souvenir des couleurs, des odeurs. Du vent salé qui s'engouffrait dans ses cheveux. De cette longue marche qui avait mis fin à ses résistances, de sa voix profonde qui lui racontait le monde, de son silence soudain lorsqu'il détectait une présence. Il lançait un caillou minuscule et, dans un claquement, une volée d'oies cendrées surgissait. Ils avaient parcouru les forêts, les plaines et les marais. Elle aimait ses grandes enjambées, son pas lourd de géant, ses mains nerveuses tannées par le soleil, ses cheveux emmêlés où dansaient les rayons de lumière. Aucune empreinte de la civilisation ne semblait avoir terni sa nature profonde et pure. Il était la force, la terre et le ciel réunis. Son regard clair, presque translucide, en était la preuve.

Il l'avait prise par les épaules et elle avait posé sa tête délicatement contre son corps solide. Ils avaient marché jusqu'au soir, suivant les planètes lointaines sur fond de pleine lune. Elle découvrait les étoiles dans un firmament d'encre. On les apercevait difficilement au cœur des villes. Elle avait le sentiment d'être enfin en paix, libérée d'un poids, comme si elle avait laissé là-bas tous ses regrets, ses peines, ses histoires tristes. Ces entraves au bonheur.

Étrangement flottante dans la douceur matinale, elle se sentait enveloppée d'une réconfortante chaleur comme si la main protectrice qui s'était posée sur son épaule était toujours là. Douce et ferme. Elle avait fini par se lever. Légère. Presque habile. Elle s'était habillée à la hâte, avait plongé le nez vers le plancher pour retrouver ses chaussures qu'elle avait balancées quelque part alors qu'il faisait nuit. Elle ne voulait pas allumer le plafonnier pour ne pas effacer cette journée. Elle cherchait à en conserver son parfum, sa saveur. Cette liberté nouvelle. Trop à l'étroit entre ses quatre murs, elle devait quitter la pièce. Le nid. Voler à son tour. Elle respirait. Sentait sa poitrine se soulever. Les joues rouges. La fièvre l'envahissait. Elle entendait le sang battre dans ses tempes. Essayait d'entrevoir le reflet de son visage sur le robinet. Son souffle faisait de la buée. L'effaçait. Était-elle aimable ? Maintenant qu'elle avait envie de vivre, serait-elle aimée ? Il y avait eu ce tendre baiser sur le front. C'était un regard appuyé. Quelque chose d'authentique. Même si cela ne durait pas, c'était un vrai cadeau. Une promesse.

Elle avait claqué la porte, dévalé l'escalier, sauté les trois dernières marches, comme Léo, et était retombée bien droite sur ses deux pieds. Signe de victoire. De chance aussi. De nouvel équilibre. Elle avait enfourché son vélo et filé vers les quais pour retrouver l'odeur de la mer. La brume matinale. La couleur brillante du fleuve ondoyant comme un poisson géant. Elle pédalait vigoureusement. Elle s'était dirigée vers la droite en sortant de sa rue. Plus facile de tourner à droite. Toujours. Sans vraiment savoir pourquoi. Direction le Miroir d'eau. Elle voulait faire un vœu. Elle croyait en sa magie. Superstition ? « Si je le traverse pieds nus, mon vœu sera exaucé. Si j'arrive quand la brume jaillit, c'est qu'il m'aimera. » Gamineries. Où puisait-elle cette allégresse ? Cette aisance nouvelle ? Légèreté du corps et de l'âme. Elle fonçait, balayant du regard les façades blondes du Port de la lune. Elle vit de loin les vapeurs s'échapper de ce grand miroir plat posé sur le sol et dans lequel se reflétaient les immeubles cossus. Des jeunes couraient en tous sens dans la blanche moiteur qui s'élevait. Pour oublier leur nuit d'ivresse. Ils titubaient et chantaient à tue-tête des refrains usés. Elle voulait être seule. Avec son film en technicolor de la veille. Sans les autres. Toujours cette appréhension à leur contact. Ils le sentaient. Comme les chiens. Elle fit un vaste cercle pour retourner sur ses pas. Elle fonçait tête baissée, bras tremblants. Illusion du plat. Douleur atroce dans les jambes pour maîtriser sa monture. Heureuse d'avoir mal. Souffrir pour être belle. Elle longeait les hangars déserts. Le fleuve boueux et fort charriait des formes étranges dans son courant. Captivait. Il fallait le suivre. Oublier les efforts. Compter à voix haute pour se donner du courage ces anciens entrepôts ornés d'immenses lettres, peintes sur des façades aux couleurs marbrées comme avant, au temps du grand commerce. H14. H15. H17 et H19. Arc-boutée sur son guidon, elle accélérait pour ne pas penser à ses mollets douloureux. Elle vit soudain se dresser les piles géantes du pont

« Baba ». Elle l'appelait ainsi. Il avait certainement un nom de scène, mais elle l'ignorait et avait adopté ce sobriquet. Bacalan et Bastide, les deux rives opposées. Gigantesque trait d'union offrant ses bras aux paquebots remontant le fleuve, comme pour les prendre dans ses filets, les avaler. Hissant son corps puissant puis pliant l'échine pour remettre la ville à l'abri. Plus loin, les quais n'étaient plus que terre et goudron. Comme si le beau devait prendre fin pour pénétrer les bassins. Même la lumière changeait dans cette zone déserte où l'on apercevait les ombres des bateaux en cours de carénage. Elle leva la main pour essuyer son visage, se cramponnant de l'autre au guidon. Elle plissa les paupières quelques secondes, n'écoutant que le souffle du vent. Se retrouva la veille, une fraction de seconde. Goulée d'air frais. D'oxygène. La séquence d'un film. Elle ouvrit les yeux pour revenir sur les quais, après une promenade dans le passé.

Le jeu cessa soudain. Temps suspendu. Devant elle, impavide, un ragondin la regardait. Installé au centre de la chaussée, pile sur le chemin, le dos bombé, il était en position d'attaque. Sa queue épaisse était posée sur le sol, longue, effrayante. Elle le fixa, pupilles dilatées, souffle court. Prise aussitôt d'un vertige, d'une peur irraisonnée, elle freina violemment pour échapper à la bête. Le vélo fit une embardée et se cabra face au fleuve, venant heurter une bitte d'amarrage avec violence. Un choc sourd et métallique. Puis un saut. Comme un grand fauve. Elle survola les eaux grises, avec l'impression que le temps passait si lentement qu'elle pouvait en égrener les secondes. Puis elle s'effondra, toujours cramponnée à son engin, sans comprendre. Un bruit fracassant. Comme si elle brisait la glace. Le froid la saisit. Elle suffoqua. La surprise. Le tumulte. L'onde glacée pénétra son corps. L'embarcation piqua tout droit. Elle lâcha les mains et secoua ses jambes pour remonter à la surface. Mais elle continuait à sombrer. Elle se cabra de toutes ses forces. Sa longue étole péruvienne l'étrangla brusquement. Plus elle bougeait, plus l'étau se resserrait. Elle comprit alors. Écarquilla les yeux. L'eau était sombre, habitée de formes mouvantes. Elle ne pouvait lutter. Impuissante. L'inéluctable fin traversa son esprit. Incrédule d'abord. Puis consciente qu'il faudrait accepter, qu'elle n'avait pas le choix. Il ne lui appartenait plus finalement que de décider quand respirer. Faire entrer la mort. Comme un éclair. Pour aller vite. Elle qui avait voulu vivre ce matin était maintenant prise au piège de sa maladresse. Destin fatal. Constant. Étrange parcours. Elle sentait ses poumons se déchirer. La panique monta en elle. Irrépressible. Cette envie d'ouvrir tout. De remonter à la surface. De happer le ciel. Son vélo, si lourd, accroché à son corps, continuait de s'abîmer. Une ancre vers le néant. Elle ne toucha jamais le fond.

Entre deux mondes, en un éclair, elle les revit tous dans une belle lumière ambrée. Lui, son ange gardien. Sa large silhouette taillée comme un arbre. Son regard tendre. Un éclair bleu. Où était-il ? Il ne pouvait décidément pas la laisser. Il se retournait. Lui indiquait le ciel avec un doux sourire. Semblait promettre qu'ils se perdaient encore, mais pour si peu de temps. Il ressemblait à son père à s'y méprendre. Elle n'y avait jamais pensé et soudain cela devenait évident. Elle, Claudie. Divine. Féminine. Chewing-gum à la fraise claquant entre ses dents blanches. Elle lui fit un clin d'œil. Appuyé.

Presque une grimace pour la faire rire. Et croisa les doigts derrière son dos. Léo. Son petit. Tout chaud contre son sein lui disant : « *je t'aime Tide* ». Il avait l'air si tendre. Confiant. La Vilaine. Sa tante bien-aimée, sa pieuvre, étendue sur son lit immaculé. Comme un linceul. Elle secouait la tête de gauche à droite, semblant regretter et pardonner aussi. Comme on regarde son enfant tendrement alors qu'il brave les interdits. Et tous les autres. Toutes les femmes de l'immeuble. Fragiles et fortes à la fois, condamnées à une vie où l'on rêve toujours d'un ailleurs. Elles étaient en paix. Enfin.

Clotilde montait un imposant escalier rouge en colimaçon qui grimpait vers les cieux. Elles apparaissaient dans la clarté, pointant leur nez sur le palier. Alors, elle sentit vraiment quelque chose lâcher en elle. Comme une corde entortillée qui se dénouait. Elle sourit et respira un grand coup. Se dit que la vie était bien faite. Le corps aussi. Qu'elle n'aurait pas si mal. Que la fin était surprenante pour qui n'avait jamais rien vécu. Qu'elle n'avait pas eu le temps de rouler sur la chaussée entre les voitures. Qu'elle n'était décidément pas douée, comme l'affirmait sa mère. Sa mère justement, c'est pour elle qu'elle eut une dernière pensée. Fugace et tendre. Les mamans sont si douces qu'il faut les aimer. Quoi qu'il arrive.

Le banc public

« Une œuvre. Tu parles d'une œuvre ! » marmonnait Claudie en se frottant les fesses sur l'assise en verre dépoli du banc public récemment installé au bord des quais. « Ils m'auraient mis un Ikea que c'était aussi bien pour moi, franchement ! » Elle se contorsionnait tout en essayant de découvrir le sens des lettres entrelacées gravées dans la matière. Elle râlait comme à chaque fois qu'elle parlait d'art contemporain avec son amie Clotilde. Elle aimait la bousculer avec ses raisonnements à l'emporte-pièce. Elle voulait qu'elle garde la tête froide dans son milieu de bourgeois supérieurs. Les bobos. Ceux auprès de qui elle se sentait toujours inférieure. Inculte. Prise en flagrant délit d'un geste qu'il n'aurait pas fallu faire ou d'une parole trop vive. Écervelée. Populaire. Un monde dans lequel elle s'était résignée à ne jamais rentrer.

D'ailleurs, depuis la disparition de Clotilde, elle n'arrivait même plus à planter son regard dans la façade du musée. Cela l'apaisait pourtant de penser que cet entrepôt était juste là, à ses pieds. Ainsi gardait-elle un peu d'espoir. Elle venait s'asseoir sur un banc pour laisser s'écouler le temps. Elle avait toqué à sa porte au fil des heures, sans comprendre. Clotilde était toujours présente pour elle. Elle s'était inquiétée. Ce n'était pas normal.

Elle avait alors décidé de pister le fameux Richard et lui était tombé dessus à bras raccourcis un matin, devant l'immeuble. Vertement. Comme elle savait si bien le faire !

— Où elle est, ma pote ? À quoi tu joues avec elle ? Faut pas trop me la raconter à moi ! Tu vois, je devine ce que tu lui veux !

— De qui parlez-vous ? lui répondit-il, interloqué.

— De Clotilde. La ronde. La gironde. Celle qui s'occupe de ton morpion, le mercredi au musée ! Alors, ne me dis pas que tu ne la connais pas, hein ? Je t'ai entendu toquer à sa porte !

— Ah, j'y suis. Si vous aviez décidé de mordre une cigarette ou de mâchonner un chewing-gum à la fraise, j'aurais immédiatement identifié Claudie ! C'est cela, n'est-ce pas, vous êtes Claudie ? L'amie de Clotilde.

— Oui, champion ! Y'a pas que les albatros que tu reconnais. Elle est où alors, ma Clo ?

— Eh bien ! ma chère, elle est rentrée depuis deux jours chez elle. Plus exactement avant-hier à minuit. Certes un peu tard, mais nous nous sommes laissé tenter par une petite brasserie sur la route du retour et je vous promets que je l'ai déposée comme un gentleman devant sa porte…

— Mouais… Donc, c'est grave !

— Pourquoi ?

— Parce qu'elle n'est pas là depuis deux jours et que ce n'est pas possible. Pas elle. Elle ne sort jamais se balader seule et elle m'appelle avant…

Ils avaient filé au commissariat et étaient revenus bredouilles. Tristes. Remplis d'inquiétude avec toutes ces histoires de noyés qui circulaient depuis des mois et ces jeunes hommes qui disparaissaient les soirs de fête, ivres de mauvais alcools bus trop vite et abandonnés à la nuit. Mais Clotilde ne buvait pas. Tout cela ne tenait pas debout. Ils s'étaient quittés sans se saluer. Dos à dos. Chacun dans ses pensées. Elle n'avait pas trouvé le sommeil ce soir-là. Elle tournait et virait dans son grand lit vide. Stanislas était au bout du monde. Jamais là au bon moment.

Le matin, elle avait marché sur la pointe des pieds pour éviter la Vilaine. Personne n'osait lui parler. Ils étaient tous étrangement occupés. Courant presque dans l'escalier pour fuir le regard inquiet de Thérèse et le petit air penaud de Léo qui, à nouveau, ne quittait plus sa marche, la septième. Il ne lâchait plus son chat. Faisait rouler sa voiture des heures durant. Se racontait des histoires d'une voix monocorde.

Et puis une mamie qui promenait son chien l'avait aperçue. Tremblante, elle avait alerté la police. Elle disait qu'elle croyait bien qu'il y avait un mort, là, dans le fleuve. « Encore ! » avait répondu le policier. C'était au pied du pont. C'était le deuxième de la semaine. L'autre jour, un SDF avait été retrouvé pas loin des Restos du Cœur. Il se préparait au spectacle. Les noyés, c'était sordide. On y pensait pendant des jours. Une obsession.

Clotilde était toute droite dans l'eau, comme un arbre, et l'on ne voyait que le bout de son crâne et ses bras écartés. Un peu comme si elle marchait sur un fil. Ils l'avaient sortie de là. Elle, son écharpe étirée et son vélo suspendu. « Ça pesait un âne mort », soufflaient les pompiers. Elle était toute gonflée. Comme un ballon. La peau un peu pelée. Et blanche. Cireuse. Les yeux grands ouverts, comme par surprise. Les cheveux bien lisses. Elle était belle pour une noyée. Juste quelques hématomes un peu délavés sur le cou.

Claudie approchait un cadavre pour la première fois. Pas Richard. Il perdait un être cher pour la seconde fois. Claudie avait résisté. Serré les poings. Voulu la voir de près. Puis elle s'était retournée et avait vomi entre ses bottes pointues. Richard lui tenait le front et lui murmurait de respirer. Elle poussait des petits cris de douleur. Tremblait de tous ses membres. Ne pensait pas qu'elle pourrait souffrir autant. Cela faisait bien longtemps qu'elle avait tout fermé pour ne plus avoir mal. Elle savait. Deux jours entiers à se torturer et puis soudain la vérité. Pas même le temps des mots. De se raconter la fin. De se préparer au pire. D'imaginer des scénarios. De recevoir une lettre. Juste l'image d'une grosse femme suspendue à une écharpe péruvienne bloquée dans la roue d'un vélo. Une femme froide et grise qui ne correspondait en rien à Clotilde, chaleureuse et gaie. Timide et discrète. Rougissant à la moindre plaisanterie. Son amie, pendue à son engin. Celui-là même qui devait lui offrir la liberté de sortir des quatre rues qui entouraient leur immeuble. Elle vomissait. Se cramponnait en tremblant au grand corps de Richard. Comme à une bouée. Bateau ivre dans la tempête. « Ne me quitte pas, lui soufflait-elle, je ne pourrai pas rester seule. » Il la serra dans ses bras. La garda contre lui pour laisser la douleur s'endormir. Il promit d'être là, toujours.

Un albatros survola le fleuve. Il volait très bas et prit de la hauteur pour passer au-dessus de leurs têtes en poussant un cri rauque. Richard aperçut distinctement son col noir.

L'adieu

Martha avait embrassé sa belle-sœur, puis demandé à rester seule avec sa fille. Comme un automate, elle avait filé au bout de l'appartement. Thérèse avait fait installer un vaste lit blanc dans la grande chambre du fond. Les volets étaient fermés. Des bougies se consumaient tout autour de la pièce. L'ambiance était lugubre. Ésotérique. Étrange sensation. Des sentiments violents la traversaient. « Inacceptable », se répétait-elle. Sa fille morte alors qu'elle la pensait enfin en sécurité. Chaque jour et chaque nuit depuis son départ, elle avait espéré un appel, une rencontre. Elle voulait lui parler. Raconter. Réparer. S'excuser. Oublier tout ce temps gâché.

Clotilde était là. Allongée. Le teint cireux. Ses beaux yeux bleus fermés à jamais. Ses mains jointes autour d'un livre. Martha reconnaissait bien, dans cette mise en scène, l'extravagance de sa belle-sœur. Un livre plutôt qu'un crucifix. Blasphème. Provocation. *Albert Cohen*. Le roman aimé de sa grand-mère. *Belle du seigneur*. Tant d'adolescentes y avaient usé leur cœur. Pas de croix pour ne plus croire en Dieu. Plus jamais. Trop injuste. Un autre malheur alors que cette enfant était si gaie.

Elle avait quitté une jeune fille et retrouvait une femme. Paisible. Élégante dans sa tenue de soie sombre. Elle portait une grosse bague avec une pierre noire qui couvrait une phalange tout entière. Raffinée. La mère aurait aimé toucher sa fille. Ne pouvait s'y résoudre. Ne voulait pas sentir la froideur. Un corps rigide et étranger. Imaginait qu'elle dormait d'un sommeil tranquille, qu'ainsi elle pourrait lui parler, comme quand elle était bébé dans son berceau. Elle chuchotait. Pour que son esprit enregistre. Qu'elle n'ait plus à le faire ensuite quand elle serait plus grande. Lorsque les mots claqueraient comme un fouet. Elle ne voulait pas l'abîmer, sa petite. Sa toute petite.

— Je t'ai toujours aimée.

Elle murmurait et sa voix se brisait.

— Ils étaient trois. Ils avaient bu. Ils m'ont forcée. Ton oncle et ses copains. Ils riaient comme des fous. Disaient que ton père n'y verrait que du feu. Qu'il était bien incapable de me le faire, cet enfant, depuis le temps. Qu'avec eux, j'aurais à coup sûr des triplés. Qu'ils reviendraient quand je le désirerais. Et j'ai tremblé. Pendant de longs mois, j'ai tremblé. Tu es née de cette infamie. Et pourtant je t'aimais, je te voulais. Mais je n'ai jamais pu accepter. Je me haïssais de t'aimer. Je n'ai jamais pu me pardonner de t'avoir gardée et si mal aimée. Empoisonnée par mon chagrin.

Elle s'était tue. Incapable d'aller plus loin. La gorge brûlante. Des images insupportables dansaient derrière ses yeux clos. Robert, tapi dans l'ombre, s'était approché. Il la serra dans ses bras. Il savait. Depuis toujours. Les hommes soûls se vantaient. Cela avait fait le tour de la campagne. Tout le monde savait. Et personne ne parlait. C'était comme ça, dans leur village. Il fallait encaisser sans broncher.

L'albatros

Claudie en était certaine. Le verre dépoli de cette œuvre contemporaine était plus froid que n'importe quel matériau.

— Tu le sens bien là, non ?

Richard lui caressa la joue, amusé.

— Que devrais-je sentir, ma douce ?

— Que le verre refroidit les fesses alors même que le bois les réchauffe. D'ailleurs, dans les jardins publics, tu trouveras plus facilement des bancs en bois !

— Qui fileront tes bas ! Bon ! On lui dit, plutôt que de fustiger le designer qui a inventé cette assise ?

— Parle simplement, je déteste quand tu prends ton air de prof de fac !

— Eh ! regarde le fleuve… Je viens de voir passer l'albatros à col noir !

— Tu crois que c'est elle ? Tu crois sérieusement à toutes ces salades de réincarnation ? Un mec sérieux comme toi ? Ce n'est pas raisonnable quand même !

— J'en suis certain. Je te dis que c'est elle. Cet oiseau n'est jamais là. Et il n'a d'ailleurs aucune raison scientifique d'être ici. Il n'apparaît que lorsque nous sommes tous les deux. C'est un signe évident, non ? Bref… Soyons pragmatiques ! Allez, vas-y… C'est le bon moment. Je le sens.

— Clo, je sais que tu es avec nous, alors je voulais te l'annoncer, juste à toi, car il est encore trop tôt… Nous attendons un bébé… Tu vois, ce truc que je m'étais juré de ne jamais avoir… Eh bien, c'est fait ! Et je ne peux même pas te dire que c'est un accident, ma Clo. Tu me connais. J'ai vraiment eu envie d'un enfant avec Richard. Vraiment…

— Et nous sommes très heureux, Clotilde, de cette nouvelle. Nous souhaitions que tu sois la première au courant… Tu nous manques.

— Pas de mélo, on a dit ! Eh ! pas touche, Richard… Vire tes pattes de mon ventre ! Tu peux pas savoir, ma Clo, il n'arrête pas de me tripoter. Pas cool, les intellos ! Ils sont pires que les autres. Je te l'avais bien dit…

Remerciements

Un remerciement tout particulier à Bérangère Erouart et Rodolphe Martinez. Ils savent pourquoi.

Mais aussi à Yves Harté et Vincent Rousset. Mes fidèles compagnons d'écriture.

À Frédéric Brouard, Philippe Giraud, Benoit Luneau, Christophe Marmorat, Xavier Rosan. Pour leurs encouragements et conseils.

À Laurent Denize d'Estrées. Pour son amitié sincère.

À Sylvie Riaud, Sarah Levy, Carine Dall'Agnol, Céline Dupré, mes éditrices. Mes bonnes fées.

À mes filles. Avec tout mon amour.

DANS LA MÊME COLLECTION

• Christiane Audy Baudouin
L'irréversible apprentissage de Pénélope (Octobre 2009)

• Martine Lafon-Baillou
De Jérôme à Lidoire (Juin 2010)

• Marie-Françoise Raillard
La Sainte-Raingarde (Avril 2012)

• Fanny Leblond
Et au bout, l'Océan (Juin 2012)
Prix du Jury Saint-Estèphe 2013

• Léon Mazzella
Chasses furtives (Septembre 2012)
Prix Jacques Lacroix de l'Académie française 1993
Prix François Sommer

• Fanny Leblond
Demain ne suffit pas (Mai 2013)

• Fabienne Thomas
L'enfant roman (Mai 2013)

Imprimé en France
Imprimerie France Quercy
à Mercuès (46)
Corrections et Mise en page
www.comzed.com

Dépôt légal : Novembre 2013
ISBN : 978-2-918471-25-7
ISSN: 2105-3995

Programme éditorial soutenu par le Conseil Régional d'Aquitaine